Justiça Juvenil Restaurativa
e Novas Formas de Solução de Conflitos

Justiça Juvenil Restaurativa e Novas Formas de Solução de Conflitos

Karyna Batista Sposato
Luciana Aboim Machado Gonçalves da Silva

São Paulo
2018

SUMÁRIO

PREFÁCIO 7

APRESENTAÇÃO 11

PARTE I – CONSIDERAÇÕES INTRODUTÓRIAS SOBRE O CONFLITO 12

CAPÍTULO 1 – CONFLITOS E RELAÇÕES SOCIAIS 14
   1.1 Conflitos e Convivência: transgressões
      e tensões na adolescência 19
   1.2 Adolescências e Juventudes 22
   1.3 A Transgressão e a Invisibilização da Adolescência 30
   1.4 O Conflito com a Lei 35

CAPÍTULO 2 – FORMAS DE RESOLUÇÃO DE CONFLITOS 42
   2.1 Autotutela 48
   2.2 Jurisdição 49
   2.3 Arbitragem 53
   2.4 Autocomposição 55
      2.4.1 Negociação 57
      2.4.2 Mediação e Conciliação 58

PARTE II – JUSTIÇA RESTAURATIVA: APRESENTAÇÃO DE MODELOS DE PRÁTICAS ESPECIALIZADAS 74

CAPÍTULO 3 – JUSTIÇA RESTAURATIVA 75
   3.1 Algumas ideias sobre Justiça 75

3.2 Em busca de um Conceito de Justiça Restaurativa — 80
3.3 Antecedentes da Justiça Restaurativa — 92
3.4 Distinções entre a Justiça Restaurativa
e a Justiça tradicional — 96
3.5 Aspectos conceituais, valores e
princípios restaurativos — 104
3.6 Principais práticas restaurativas — 111
   3.6.1. Mediação vítima-ofensor — 114
   3.6.2 Reunião de Grupo Familiar
   (*Family Group Conferencing* – FGC) — 116
   3.6.3 Círculos decisórios — 116
3.7. Possíveis Resultados — 118

CAPÍTULO 4 – JUSTIÇA JUVENIL RESTAURATIVA — 119
4.1 Caracterização da Justiça Juvenil Restaurativa — 121
   4.1.1 Objetivos da Justiça Juvenil Restaurativa — 126
4.2 Modelos de Práticas — 130
4.3 Justiça Restaurativa e Socioeducação — 133
   4.3.1 A Lei do SINASE e a Justiça Restaurativa — 137
   4.3.2. Práticas e experiências de Justiça Restaurativa
   no Sistema Socioeducativo — 138

CONSIDERAÇÕES FINAIS — 143

REFERÊNCIAS BIBLIOGRÁFICAS — 146

PREFÁCIO

O resultado final da Conferência de Nova York que tratou do tema da proteção da criança foi a elaboração da Convenção dos Direitos da Criança, que entrou em vigor no dia 02 de setembro de 1990 e foi incorporada ao ordenamento jurídico pátrio por meio do Decreto presidencial nº 99.710, de 21 de novembro de 1990. A Convenção estabelece no seu artigo 2 que "Os Estados Partes se comprometem a assegurar à criança a proteção e o cuidado que sejam necessários para seu bem-estar (....)".

O artigo em tela é expressão cristalina da doutrina da proteção integral da criança que, posteriormente, foi incorporada pelo Estatuto da Criança e do Adolescente (Lei nº 8.069, de 13 de julho de 1990). O ECA, no seu artigo 3, reafirma, de forma categórica, referida doutrina:

> *Art. 3º A criança e o adolescente gozam de todos os direitos fundamentais inerentes à pessoa humana, sem prejuízo da proteção integral de que trata esta Lei, assegurando-se-lhes, por lei ou por outros meios, todas as oportunidades e facilidades, a fim de lhes facultar o desenvolvimento físico, mental, moral, espiritual e social, em condições de liberdade e de dignidade.*

No Direito brasileiro, o ECA substitui o Código de Menores (1927), baseado na antiga doutrina da situação irregular do menor. Essa doutrina do Código de Menores inviabilizava qualquer participação ativa do "menor" na resolução do seu processo judicial, uma vez que era considerado como pessoa a ser tutelada até atingir uma "situação regular", transformando-se em um maior.

A Constituição da República Federativa do Brasil – que este ano completa trinta anos – elegeu o cuidado com a criança e o adolescente como "absoluta prioridade" (art. 227, CF 1988) da sociedade brasileira. Foi esse contexto normativo concretizado pela doutrina da proteção integral que tornou possível vislumbrar práticas de autocomposição de conflitos que transformem o adolescente em protagonista da solução de seus conflitos.

A outra mudança normativa que situa o contexto normativo do livro em tela foi proporcionada pela Lei nº 13.140, de 26 de junho de 2015, a Lei de Mediação, além de diversos artigos do Novo Código de Processo Civil que possibilitam a prática de autocomposição de conflitos.

Importante lembrar que diversos segmentos da sociedade civil praticavam a mediação como forma de resolução de conflitos[1]. Todavia, foi a partir da emergência de referidas normas jurídicas que a mediação e outras formas de autocomposição de conflitos tornaram-se um novo componente do ordenamento jurídico brasileiro.

Foi graças a essas inovações normativas que o presente livro pôde vir a lume.

O livro é dividido em duas partes. A primeira tece "considera-

---

[1] Consulte a esse respeito *Mediação: uma experiência brasileira*, de Adolfo Braga Neto. São Paulo: CLA, 2017.

ções introdutórias" a respeito do conflito e de suas possibilidades de resolução, dando especial ênfase à questão dos conflitos e transgressões do adolescente "em conflito com a lei".

A segunda parte apresenta um breve histórico da Justiça Restaurativa e de suas principais práticas na comunidade internacional e no Brasil, além de sugerir – de forma inédita – uma nova categoria de Justiça Restaurativa: a Justiça Juvenil Restaurativa – modalidade que dá título ao livro –, que poderá ser exercida tanto no âmbito dos espaços institucionais da Justiça da Infância e Juventude como do SINASE (Sistema Nacional de Atendimento Socioeducativo).

A inovadora proposta do livro é mais do que oportuna tanto para a Justiça Juvenil como para a Justiça Restaurativa. A combinação desses dois diversos saberes possibilita novas abordagens teóricas e práticas para novas formas de implementação do ECA e para o exercício de práticas restaurativas.

O presente livro só foi possível por meio do encontro entre duas professoras e pesquisadoras do Departamento de Direito da Universidade Federal de Sergipe (UFS), vale dizer: Karyna Batista Sposato e Luciana Aboim Machado Gonçalves da Silva. Karyna se dedica desde o final da sua graduação ao estudo da Justiça Juvenil; Luciana tem estudos no âmbito do Direito do Trabalho e do Processo Civil e, nos últimos anos, tem se dedicado ao tema da mediação e autocomposição de conflitos. Trata-se de um encontro verdadeiramente auspicioso, que já produziu seu primeiro fruto.

Concluo com a esperança de que a apreciação do presente livro torne possível ao leitor e à leitora uma mudança de mentalidade. Feito esse para o qual as autoras dão uma significativa contribuição ao oferecer esta obra à comunidade jurídica.

Boa leitura!

Guilherme Assis de Almeida

Professor Associado do Departamento de Filosofia e Teoria Geral do Direito da Faculdade de Direito da USP e autor do livro *Proteção da Pessoa Humana no Direito Internacional: Conflitos Armados, Refugiados e Discriminação Racial* (CLA, 2018).

APRESENTAÇÃO

Esta obra procura realizar um interessante percurso em torno de conceitos do que podemos conceber como Justiça e práticas de solução de conflitos, desaguando em elementos que conformam o que vem se convencionando denominar por Justiça Restaurativa e suas práticas no âmbito da Justiça Especializada da Infância e Juventude.

Nesta direção, procuramos apresentar os principais conceitos, documentos e referenciais teóricos que demarcam a evolução do tema e sua recente elaboração científica. Também buscamos refletir e conhecer algumas metodologias e procedimentos no campo da Justiça e do Direito que favorecem a solução mais pacífica, harmoniosa e compositiva de problemas e conflitos.

Inicialmente, nosso objetivo é apresentar o tema do conflito em seus múltiplos sentidos, destacando-se as dimensões da conflitualidade na adolescência. Em seguida, procuramos apresentar mecanismos de resolução de conflitos, como ferramentas para o exercício do diálogo e do respeito ao outro. Por fim, firmamos o posicionamento de que as ações e os sentimentos de reciprocidade são antídotos capazes de eliminação de violências e de construção de efetivas possibilidades de encontro.

Compartilhamos aqui o resultado deste trajeto.

Karyna Batista Sposato
Luciana Aboim Machado Gonçalves da Silva

PARTE I – CONSIDERAÇÕES INTRODUTÓRIAS SOBRE O CONFLITO

Não é de hoje que a ideia de conflito ocupa diferentes campos do conhecimento, desde a Sociologia, o Direito, a Psicologia e até mesmo a Administração.

A política também, como sabemos, é um dos campos por excelência do conflito, seja ele partidário, de interesses ou valores. E mesmo a democracia é, para muitos, caracterizada como o lugar do conflito – o conflito democrático.

Segundo Marilena Chauí, as determinações constitutivas do conceito de democracia são as ideias de conflito, abertura e rotatividade (CHAUÍ, 1995). Na sociedade democrática, o conflito é trabalhado pela discussão e pelo confronto, e é assim que a história se faz, nessa aventura em que o cidadão se lança em busca do possível, a partir de dificuldades e imprevistos.

Se a democracia supõe o pensamento divergente, isto é, os múltiplos discursos, ela tem de admitir uma heterogeneidade essencial. Então, o conflito é inevitável. Muito embora a palavra conflito, com frequência, seja empregada em sentido pejorativo, como algo que devesse ser evitado a qualquer custo, deve-se atentar que divergir é inerente a uma sociedade pluralista. Se os conflitos existem, evitá-los é permitir que persistam, degenerem ou sejam camuflados. O que a sociedade democrática deve fazer com o conflito é trabalhá-lo, de modo que, a partir da discussão, do confronto, sejam encontradas efetivas possibilidades de superação.

Visto de outro modo, o conflito também pode ser percebido, e assim o foi por muitos autores, como um fenômeno natural à sociedade, podendo-se inclusive dizer que é imanente à vida social.

Quanto mais complexa e desenvolvida uma determinada sociedade, mais suscetível a novas formas de conflito.

Tal abordagem coincide com o pensamento de Talcott Parsons e Edward A. Shills na obra *Homem e Sociedade* e remete ao conceito de interação social sob as formas de cooperação, competição e conflito (PARSONS, 1966, p. 125). O conflito, para estes autores, nasce do impasse diante de múltiplos interesses em jogo. Sob tal perspectiva surge, quando tais interesses não logram uma solução pelo diálogo e as partes recorrem à luta, moral ou física, ou buscam a mediação da Justiça.

Logo, usualmente o conflito também é definido como litígio ou lide, conceitos bastante utilizados pelo Direito em seus diferentes ramos, mas de pouca compreensão e apreensão pelos cidadãos comuns. E, quando se aplica ao conflito o significado penal, este ganha contornos de transgressão, crime, ilicitude e infração. Nesta seara, tradicionalmente não se medeia, mas rigorosamente se busca punir o conflito, o que não garante uma efetiva superação dos fatores ou aspectos que lhe deram causa.

São estas e outras as questões sobre as quais procuraremos nos debruçar a seguir. Começando pelo desafio da convivência, como já ponderava Aristóteles (1991) em *Ética a Nicômaco*, até as dimensões da transgressão e do ato infracional na adolescência, foco de nosso estudo e reflexão. Também daremos especial atenção às práticas de Justiça e seus significados e abrangência como efetivos mecanismos de ressignificação, prevenção, superação ou eliminação dos conflitos.

CAPÍTULO 1 – CONFLITOS E RELAÇÕES SOCIAIS

Em atenção ao sentido do termo conflitos, como já destacamos, não há unanimidade em sua conceituação em razão da variedade de perspectivas.

Assim, como diz Freitas Junior (2009), a heterogeneidade com que a noção de conflito é empregada, antes que dispensar – e muito ao contrário –, impõe um redobrado esforço de rigorosa conceituação. Até para que, nas pesquisas e interlocuções interdisciplinares, possa ficar claro com que exata acepção, a cada momento e em cada circunstância, o termo conflito é utilizado.

Segundo o dicionário, conflito vem do latim *conflictus*, significando "embate dos que lutam, discussão acompanhada de injúrias e ameaças, desavença, guerra, luta, combate, colisão, choque" (FERREIRA, 1986, p. 451). Significa, portanto, um "estado resultante da divergência ou entrechoque de ideias ou interesses" (SIDOU, 1991, P. 129).

Para a conflitologia, conflito é sinônimo de crise, ainda que com a gente mesmo, inclusive com nossa consciência" (EGGER, 2008, p. 40).

Deste modo, podemos conceituar conflito como uma tensão relativa a pessoas (no aspecto interno ou social) ou grupos, à qual se associam, muitas vezes, comportamentos e sentimentos negativos e prejudiciais para os envolvidos.

É certo que o conflito se revela de diferentes formas, podendo ser classificado como: *conflitos latentes* (tensões não reveladas de forma plena), *conflitos emergentes* (há uma disputa, embora não formalizada) e *conflitos manifestos* (há uma disputa ativa e contínua). (MOORE, 1998, p. 29)

De outro lado, o conflito pode se manifestar de forma individualizada (*conflitos individuais*, os quais possuem sujeitos determinados ou determináveis) ou em relação à sociedade como um todo (*conflitos sociais*).

Ao longo da história, foram os conflitos sociais que implicaram importantes mudanças nos sistemas normativos mundiais.

A propósito, Morton Deutsch (1973, p. 32) comenta:

> o conflito social é um mecanismo de adequação de normas a novas condições. Uma sociedade flexível beneficia-se do conflito por causa desse comportamento, na medida em que ajuda a criar e a modificar normas, assegura sua continuidade sob condições diversas.

É importante registrar, ainda, outro viés do conflito que – ao se traduzir em situações de divergências sobre assuntos de ordem moral, social ou mesmo psíquica, próprias da essência humana e do cotidiano das relações sociais – se revela em aspectos subjetivos (*intrapessoais*) e intersubjetivos (*interpessoais*).

Os *conflitos intersubjetivos* são os exteriorizados nas relações sociais – embora, por vezes, influenciados por conflitos subjetivos –, de modo que constituem o cerne de nossas atenções.

Partindo para perspectiva jurídica, o conflito consiste em uma "situação existente entre duas ou mais pessoas ou grupos, caracterizada pela pretensão a um bem ou situação da vida e impossibilidade de obtê-lo" (DINAMARCO, 2004, p. 117).

Por estar enraizada em nossa sociedade, ainda, na cultura demandista – uma vez que as pessoas se acostumaram a confiar a decisão de suas divergências a um terceiro imparcial –, é comum a associação dos termos conflito e jurisdição, cabendo, todavia, a nomenclatura "lide" como referência à projeção judiciária a que são submetidos os conflitos.

Na clássica definição de Francesco Carnelutti (1999, p. 161), a lide é o "conflito de interesses qualificado por uma pretensão resistida". Logo, o conflito é mais amplo que a lide, sendo esta apenas a parte do conflito apresentada ao conhecimento do Judiciário.

Destacando essa diferenciação, Patrícia Miranda Pizzol (2003, p. 35) ensina:

> [...] podemos concluir que lide é o conjunto de interesses qualificado por uma pretensão resistida, submetido à apreciação do Judiciário. É importante, assim, diferenciar lide de conflito de interesses – o conflito se manifesta no plano sociológico, enquanto a lide no plano processual; logo, pode não haver uma correspondência entre o conflito e a lide, se o autor deduzir em juízo apenas uma parte do conflito de interesses.

Buscando adentrar na essência do termo "conflito", Antonio Rodrigues de Freitas Junior (2009, p. 35-37) faz distinção entre conflito de justiça e disputa ou controvérsia. A disputa revela apenas contraposição de interesses, sem que esta seja orientada por valores de justiça distintos. Ou seja, nos conflitos de justiça, os sujeitos envolvidos não convergem no que respeita à forma moralmente mais justa para sua solução.

Esse autor explica que a arbitragem pode ser empregada para resolver disputas em que não haja divergência moral, ou seja, em que as pretensões controvertidas não são pautadas por valores de justiça.

A exemplificar, registra que cabem aos árbitros as avaliações de desempenho das ginastas em certames desportivos; e, ao pontuarem seu desempenho, não estão a praticar nenhum juízo de justeza ou moralidade.

Assim, expõe que em um típico conflito de justiça é papel dos poderes públicos prover os meios para sua pacífica administração. Simetricamente, é de igual modo direito subjetivo público dos atores sociais o acesso a tais mecanismos. Já no caso de uma simples disputa econômico-comercial ou desportiva, por exemplo, cabe ao mercado e interessa sobretudo aos atores envolvidos a busca de mecanismos que facilitem sua equação (FREITAS JUNIOR, 2009, p. 37).

Do ora dito, nota-se a múltipla faceta da expressão "conflito", merecendo realce para a seguinte conceituação:

> um processo interacional, que como tal nasce, cresce, desenvolve-se e pode às vezes se transformar, desaparecer e/ou se dissolver, e outras vezes permanecer relativamente estacionário; que se dá entre duas ou mais partes. (SUARES, 1996, p. 78)

É cediço que as pessoas costumam encarar os conflitos com uma visão negativa, como indesejáveis, na medida em que constituem obstáculos em uma vida normal.

Nesse sentido, Juan Carlos Vezzulla (2006, p. 25) ensina:

> Quando se fala de conflito, surge, de forma geral, em todas as pessoas, uma ideia negativa e assustadora: um sinal de alerta de perigo próximo, do qual têm que se defender.

Assim, na direção de evitar conflitos, as pessoas utilizam diferentes mecanismos que caracterizam formas de comunicação diversa, quais sejam: *negação* (Não tenho conflitos), *racionalização* (Estou acima disso), *acomodação* (Deixa pra lá, Isso passa), *evitamento* (Prefiro não mexer com isso), *rompimento total* (Nunca mais quero vê-lo/la), *retaliação* (Vou me vingar dele/a) e *diálogo* (Quando você faz isso, eu me sinto assim...) (MUSZKAT, 2008, p. 16).

Não restam dúvidas de que os conflitos, quando deixados de lado ou conduzidos erroneamente, não desaparecem. Ao contrário, eles se transformam e, na maioria dos casos, quando não trabalhados construtivamente, dificultam ainda mais a compreensão dos que estão envolvidos neles, levando à violência (mecanismo utilizado pelo agressor para buscar que o outro atenda ou ouça suas necessidades).

O fundamento disso é que, ao tentar solucionar uma questão, as pessoas se prendem ao objeto do conflito, ao valor que tem e à disputa com o outro. Desse modo, não se procura enxergar os reais sentimentos individuais em relação ao que está sendo discutido e, portanto, apenas a visão negativa do conflito prevalece.

Ao visualizar o conflito apenas como algo negativo, é possível que as pessoas percam oportunidades de melhorar a qualidade dos relacionamentos pessoais e sociais, bem como de aprimorar seu autoconhecimento. Isso porque o conflito, quando bem trabalhado, origina mudanças de atitudes, de ideias, e resulta em melhora para o convívio entre as pessoas.

É preciso mudar o enfoque e ter consciência do conflito como fenômeno inerente à condição humana, posto que é impossível uma relação interpessoal plenamente consensual. Cada pessoa é dotada de uma originalidade única – com experiências e circunstâncias existenciais personalíssimas –, de maneira que, por mais afinidade e afeto que exista em determinada relação interpessoal, algum dissenso, algum conflito, estará presente (VASCONCELOS, 2012, p. 19).

Nesse diapasão, são os modernos meios de resolução de conflitos (que serão estudados posteriormente) que, embasados em pressupostos psicológicos e psicanalíticos, segundo Warat (2001, p. 91), mostram o conflito como uma confrontação construtiva, revitalizadora, não prejudicial, vendo a vida como um devir conflitivo que tem que ser administrado.

Antes de aprofundar os mecanismos de resolução de conflitos, é importante refletir sobre as dimensões da conflitualidade na adolescência.

1.1 Conflitos e Convivência:
transgressões e tensões na adolescência

Conforme escreveu Aristóteles em *Ética a Nicômaco*, pensava Heráclito que "se ajusta apenas o que se opõe, que a mais bela harmonia nasce das diferenças, que a discórdia é a lei de todo devir". Desta passagem, podemos extrair que um dos maiores desafios da experiência humana não é como viver em sociedade, mas, sim, como conviver socialmente em face das diferenças e diversidades.

A convivência é em si fonte de conflitos de distintas naturezas, conforme acabamos de referir e refletir.

Agora os convidamos a pensar particularmente como a experiência da convivência exige do indivíduo adolescente um ser e estar no mundo, e como tal experiência também pode ser fonte de inúmeras frustrações numa etapa da vida que é especialmente distinta das demais. Ainda que por especulação, logramos alcançar alguns exemplos dos níveis de exigência e tensão que a vida social provoca no adolescente. Diz-se por especulação, se não queremos escavar de nossa própria memória, como e quanto a nossa adolescência foi exigente conosco em diferentes sentidos e, por que não dizer, em diferentes conflitos.

Maria de Lourdes Trassi, em *Adolescência-Violência: desperdício de vidas*, elabora com precisão o tema da adolescência, ressaltando que

> é um ponto crítico, de saturação, condensação de múltiplas determinações, pois revelador das mutações, transformações da cultura, dos padrões de relações entre os humanos, da fragilidade dos vínculos amorosos, do modo de pensar, sentir, agir – estar no mundo – dos indivíduos, neste momento histórico. Revela o que é comum e o que é singular, o que permanece e o que flutua, o estrutural e o conjuntural. (TRASSI, 2006, p.205)

Acrescenta a autora, na esteira do que definiu Sigmund Freud, que tal fenômeno se revela tanto na sua dimensão macroscópica – a vida coletiva – como na dimensão microscópica, a biografia pessoal.

Outros recortes sublinham o tempo do adolescer (KONZEN, 2007, p.17), desvelando sentidos no itinerário da Alteridade. Vê o referido autor a adolescência como um tempo marcado pelo desejo de mudar o mundo.

> No excesso do querer, no já poder querer e no querer também a visibilidade correspondente a esse poder, o risco da transgressão. E na hipótese da transgressão, a necessidade da resposta como condição mesmo de viabilidade da vida em sociedade. (KONZEN, 2007, p.17)

Estudos do campo da psicologia situam a adolescência como um intervalo entre a infância e a maturidade: modificações biológicas e físicas em decorrência da puberdade têm um forte impacto sobre a psique, exigindo do sujeito reorganizar-se. De outro lado, ocorrem mudanças no jeito de pensar, sentir e se relacionar com o lugar, as pessoas e o mundo em geral.

Sabe-se que, durante um largo período, a adolescência foi vista como extensão da infância e atualmente, em que pese o reconhecimento de sua singularidade, não há clareza acerca dos atributos simbólicos que devem ser transmitidos ao indivíduo adolescente em sua passagem e transição para a vida adulta. Ou seja, ao que parece, carecemos de referências ideológicas, simbólicas ou ritualísticas que deem suporte para a construção da nova posição a ser alcançada pelo adolescente.

Ao que parece, em nossos tempos, hipermodernos como definem alguns, os referenciais da família, da escola e do poder governamental estão enfraquecidos no exercício de sua função de balizas de representação e de oferecimento de matrizes identificatórias essenciais.

O conceito de Hipermoderno foi sugerido por Lipovetsky diante da constatação que o termo Pós-Moderno se tornou vago e não consegue exprimir o mundo atual. Para esse autor, o "pós" de pós-moderno se referia ao passado como se este já estivesse morto. Porém, antes de afirmar o fim da modernidade, assiste-se ao seu arremate, que se concretiza no liberalismo globalizado, na mercantilização dos modos de vida e numa individualização galopante. As lógicas modernas do mercado, do consumo e da individualidade o levaram a definir o conceito de hipermodernidade, para "superar a temática pós-moderna e redefinir a organização temporal que se apresenta". Sugere o termo hipermoderno, pois surge uma nova fase da modernidade, que foi do pós ao hiper: "a pós-modernidade não terá sido mais que um estágio de transição, um momento de curta duração." (LIPOVETSKY, 2004, p. 58).

A sociedade hipermoderna é marcada pela indiferença ao bem público, pela prioridade dada ao presente, em detrimento do futuro, pela valorização dos particularismos e dos interesses corporativistas, pela desagregação do sentido de dever e de solidariedade.

Assim, a hipermodernidade pode ser caracterizada por uma cultura do excesso, do sempre mais, na qual todas as coisas se tornam intensas e urgentes. Seu movimento é uma constante e as mudanças ocorrem em um ritmo quase esquizofrênico, determinando um tempo marcado pelo efêmero, no qual a flexibilidade e a fluidez aparecem como tentativas de acompanhar tal velocidade. Hipermercado, hiperconsumo, hipertexto, hipercorpo: tudo é elevado à potência do mais. A hipermodernidade revela, desta forma, o paradoxo da sociedade contemporânea: a cultura do excesso e da moderação, com fortes impactos a todas as gerações, mas, de forma mais aguda, aos adolescentes e jovens.

1.2 Adolescências e Juventudes

Pensar nas tensões que perpassam a etapa da adolescência exige-nos uma abordagem acerca de suas peculiaridades e subjetividades, sob pena de as generalizações resultarem em frequente invisibilização dos sujeitos adolescentes e juvenis.

Reconhecer peculiaridades inerentes à adolescência e à juventude é reconhecer a singularidade deste segmento populacional ante outros segmentos, e coaduna-se com o princípio de condição peculiar de desenvolvimento reconhecido à infância e à adolescência pela normativa nacional e internacional de direitos da criança e do adolescente.

A condição peculiar de pessoa em desenvolvimento atribuída pela Convenção Internacional das Nações Unidas sobre os Direitos da Criança, pela Constituição Federal Brasileira de 1988 e pelo Estatuto da Criança e do Adolescente, Lei nº 8.069/90, aos adolescentes implica o reconhecimento de que, como pessoa humana, o adolescente – titular de dignidade humana como qualquer outro indivíduo – se desenvolve desde seu nascimento até o dia de sua morte. Contudo, na etapa da adolescência tal desenvolvimento é mais intenso.

Marcada por mudanças hormonais, físicas, psíquicas e sociais de afirmação do sujeito e de sua personalidade, a adolescência configura-se como uma fase de desenvolvimento intenso e peculiar.

O reconhecimento desse estágio de vida peculiar e distinto corrobora a constatação de que tanto adolescentes como jovens são titulares de um conjunto de atributos que permitem identificar que os problemas de vulnerabilidade e risco, por exemplo, não se esgotam aos 18 anos, ou com o término da adolescência, mas muitas vezes se intensificam a partir daí. Em síntese, trata-se de conceber tais sujeitos efetivamente como sujeitos de direitos.

Cabe relembrar as ponderações de Emilio García Méndez (1998) no tocante ao reconhecimento tardio das crianças e adolescentes como sujeitos de direitos. De certo modo, tal reconhecimento somente ocorreu no século XX, pois até então a infância e a adolescência eram reconhecidas apenas como categorias diferenciadas dos adultos depois de fixada política e culturalmente sua incapacidade.

Outros autores, como Rassial, destacam que o adolescente vive um "tempo de intervalo" (RASSIAL, 1997) perpassado por uma crise de identidade e pela necessidade simultânea de ocupar um lugar de reconhecimento fora do contexto familiar e manter sua identidade original.

Por isso, diz-se nos estudos de psicologia que o adolescente vivencia um "entre-lugar" que o distancia da criança que fora e, ao mesmo tempo, dista ainda do adulto que será, e que ainda não é. Nada mais representativo de uma crise, que pode desaguar em atos transgressivos e ilícitos na busca por uma identidade, ainda que seja a identidade de um anti-herói.

Porém, antes de adentrar o tema da transgressão, parece-nos apropriado e particularmente interessante tocar na questão da vulnerabilidade, sendo que o quadro da vulnerabilidade pode abranger uma extensa gama de aspectos, tais como os físicos, psíquicos, comportamentais, sociais, culturais e econômicos.

O termo vulnerabilidade ganhou popularidade e passou a ser utilizado mais recentemente em face da epidemia da AIDS, antes mesmo que se organizasse um quadro conceitual em torno dessa expressão. É bem verdade que o termo data do início do século XIX, no auge do higienismo social, quando as relações entre saúde e o social começaram a estreitar-se.

Contudo, a dimensão mais contemporânea do conceito tende a abarcar os processos de onde partem, a que se dirigem e em que se sustentam valores, concepções, relações intersubjetivas e recursos materiais que conformam e reproduzem as situações que nos expõem a determinados agravos em nossas práticas cotidianas.

Logo, é possível buscar uma definição da vulnerabilidade como uma síntese das dimensões individuais, sociais, político-institucionais ou programáticas, relevantes para a prevenção ou redução de diferentes agravos ou carências.

Tomando a vulnerabilidade em seus múltiplos níveis – baixa, média e alta – e em suas dimensões individual e coletiva, podemos alcançar uma totalidade compreensiva acerca de uma determinada situação de vulnerabilidade que inclui seu elemento programático. É dizer que as políticas, os programas e os serviços falam e fazem parte das situações de vulnerabilidade ou, bem ao contrário, de sua superação.

Por isso, quando falamos em uma situação de vulnerabilidade, abrangemos uma resposta social já em curso.

No caso da adolescência, há que se referir forçosamente à primeira dimensão individual de vulnerabilidade, que diz respeito ao que já tratamos anteriormente, quando reconhecemos esta etapa da vida humana como altamente complexa, exigente e crítica. O adolescente é perpassado pela tensão decorrente de não ser mais criança e ainda não se constituir como adulto. O processo de individualização e formação da identidade e personalidade pode desencadear atos de rebeldia, transgressão e violência como busca de afirmação.

Agregam-se à associação adolescência–rebeldia–transgressão fatores sociais e contextuais que podem agravar as dinâmicas de carência e dano, como se observa nas situações de violência na escola, na família e na comunidade.

Certo é que a escola e a família, como já refletimos preliminarmente, não desempenham mais seus papéis da mesma maneira como no passado. A escola passou a ocupar a centralidade no processo de socialização de crianças e adolescentes, em boa medida pelas novas dinâmicas sociais de constituição das famílias contemporâneas e pela entrada das mulheres no mercado de trabalho.

Estudos realizados em diferentes países, conforme aponta Nancy Cardia na publicação *Violência na Escola – Um guia para pais e professores*, demonstram que a supervisão por adultos responsáveis é um dos elementos críticos para a proteção de crianças e adolescentes, e jovens face a situações de vulnerabilidade, pelo envolvimento com o consumo de drogas ou o envolvimento com a delinquência e violência.

Quando ambos os pais trabalham fora de casa, há pouca alternativa de supervisão por adultos fora daquela provida, em tese, pela escola. A título de exemplo, nos Estados Unidos, estima-se que 7,5 milhões de crianças entre 5 e 14 anos fiquem sozinhas sem a supervisão de adultos após a escola. Em 69% dos lares com crianças entre 6 e 17 anos, os dois pais trabalham fora de casa e as crianças ficam sozinhas em casa ao menos 25 horas por semana (CARDIA, 1997).

Se é certo que garantir um desenvolvimento saudável é a melhor forma de prevenir situações de risco e vulnerabilidade, é igualmente comprovável que a escola pode, ao contrário de proteger, reforçar ainda mais padrões de comportamentos violentos originados em outros contextos (na família e na comunidade).

Ao pensar a vulnerabilidade, a transgressão e o espaço da escola, é importante desconstruir a ideia de uma violência naturalizada, que acontece de maneira súbita, mas, sim, compreender o fenômeno como um processo histórico construído socialmente, o que nos habilita a preveni-lo.

Logo, sobressaem a necessária superação dos estereótipos e representações sociais do adolescente e do jovem e de suas necessidades, e a desconstrução das generalizações estigmatizantes das adolescências e juventudes, não mais vistas e pensadas a partir do paradigma da desigualdade e da incapacidade.

Como adverte Nateraz Domínguez (2002), considerando o adolescente ou sujeito juvenil como sujeito social, heterogêneo, diverso, múltiplo e variante, reconhece-se sua dimensão social, ou seja, que o âmbito social no qual se desenvolvem a adolescência e a juventude configura imagens que dão conta dos imaginários coletivos do que implicaria ser este sujeito. Tais imagens são construídas pelas próprias instâncias da sociedade a partir das representações sobre o juvenil, com especial importância do papel das indústrias culturais, dos meios de comunicação de massa e dos espaços educativos, religiosos e familiares, dentre outros.

Mais do que indagar quem é o adolescente, cabe questionar e refletir sobre as representações sociais que comumente fazemos dele.

De outra parte, falar de adolescências e juventudes no plural implica justamente reconhecer que a condição de ser adolescente é válida para todos os grupos sociais, com diferenças e desigualdades que interagem na forma como se vive e experimenta tal condição. Pensar a adolescência no singular implicaria necessariamente negar as diversificadas situações adolescentes e/ou juvenis, ou seja, os diversos recortes referidos às diferenças sociais de classe, gênero, etnia etc. (ABRAMO, 2005).

Boaventura de Souza Santos (1999) adverte-nos também em um de seus escritos, *A Construção Multicultural da Igualdade e da Diferença*, que na modernidade Desigualdade e Exclusão têm significados totalmente distintos do que tiveram nas sociedades do antigo regime. Tais conceitos são de extrema utilidade quando pensamos a adolescência e a juventude, seu lugar social e seus direitos.

Para Boaventura, quando o paradigma da modernidade converge e se reduz ao desenvolvimento capitalista, as sociedades modernas passam a viver da contradição entre os princípios da emancipação, que apontam para a igualdade e a integração social, e os princípios da regulação, que passam a gerir os processos de desigualdade e de exclusão produzidos pelo próprio desenvolvimento capitalista.

Para o autor, a desigualdade e a exclusão são dois sistemas de pertencimento hierarquizados. No sistema da desigualdade, o pertencimento se dá pela integração subordinada, enquanto no sistema de exclusão o "pertencimento" ao sistema tem o nome de exclusão propriamente dito. A desigualdade implica um sistema hierárquico de integração social. Quem está por baixo está presente, está dentro e sua presença é indispensável.

Ao contrário, a exclusão se assenta num sistema igualmente hierárquico, mas dominado pelo princípio da exclusão: pertence-se pela forma como se é excluído. Quem está por baixo está fora. Na desigualdade, a relação é de subordinação, submissão; já na exclusão, a relação é de expulsão.

Deste modo, pode-se facilmente perceber que a exclusão opera na vida dos adolescentes e jovens brasileiros privações de caráter estrutural, e na forma de abandono social se revela na omissão das políticas públicas, na homogeneização da percepção oficial da adolescência e da juventude que se caracteriza pela debilidade no enfoque de gênero, cultura, etnia, residência rural e estrato econômico e, por consequência, na inexistência de oportunidades efetivas de inclusão social.

Amartya Sen, Prêmio Nobel de Economia de 1998, trabalha com o conceito de capacidade como igualdade de oportunidades, destacando a liberdade substantiva que as pessoas têm para levar as suas vidas.

Sua contribuição no século XX é inquestionável, sobretudo ao tratar das questões do desenvolvimento. Seu enfoque está concentrado naquilo que a pessoa pode ser ou fazer (opções) e naquilo que efetivamente chega a realizar. Portanto, supera a visão economicista em nome de um desenvolvimento fundado na pessoa e não mais nos bens materiais.

A construção do desenvolvimento, por sua vez, exige que as instituições formais e não formais sejam adequadamente consideradas, pois em realidade as instituições entendidas como formais (constituições, leis, regulações, procedimentos etc.) ou não (valores, normas ou pautas) são as regras do jogo (SEN, 2011).

Assim, uma boa institucionalidade contribui para o desenvolvimento entendido como liberdade e como eliminação de todas as antiliberdades (pobreza, negação de direitos, desemprego, dentre outras).

Da combinação dessas perspectivas pode-se conceber a democracia e o desenvolvimento, respectivamente, como as dimensões política e socioeconômica da própria liberdade.

Assim, as iniquidades e os desafios vividos pelos adolescentes e jovens para o exercício de suas capacidades e direitos em contextos de dificuldades econômicas, sociais e barreiras culturais parecem convergir para um reducionismo terrorífico, dos temas relacionados à adolescência e juventude aos temas da violência e insegurança urbana.

Dito de outro modo, seria o mesmo que afirmar que os adolescentes e jovens somente são pensados, descritos e lembrados como potenciais transgressores ou infratores – os causadores da insegurança pública social em razão de seus atos infracionais. Evidentemente, há um recorte de classe social importante, pois, enquanto os adolescentes de classe média são rotulados como *aborrescentes*, os adolescentes e jovens provenientes de classes populares são estigmatizados como desajustados sociais, infratores da ordem e da lei, e até mesmo pequenos bandidos.

Esse reducionismo temático pode se lido e compreendido como um processo de invisibilização da própria adolescência e juventude, em suas peculiaridades e potencialidades.

1.3 A Transgressão e a Invisibilização da Adolescência

Para melhor explicitar os processos de invisibilização de adolescentes e jovens brasileiros e os estereótipos dominantes destes grupos, em primeiro lugar devemos ter presentes as diferenças entre adolescentes e jovens propriamente ditos. Nesta direção, muitos autores vêm buscando delimitar esses dois universos, inclusive para melhor articular as diferentes estratégias de proteção, inclusão social e garantia de direitos.

Enquanto o Estatuto da Criança e do Adolescente fixou a faixa etária de 12 a 18 anos incompletos como a correspondente à adolescência, o Estatuto da Juventude (Lei nº 12.853/2013) considera jovens as pessoas com idades entre 15 e 29 anos de idade.

A coincidência na faixa de 15 a 18 anos entre adolescentes e jovens exige compreender que os aspectos particulares da adolescência e da juventude são, deste modo, em realidade complementares, e não excludentes, como poderia parecer em um primeiro momento. A adolescência concebida como etapa de mudanças físicas e fisiológicas se refere a uma idade biológica, enquanto a juventude, a uma idade social. Por isso, como sugere Reguillo (1997), as relações entre a idade biológica e a idade social são muito complexas e não se pode falar dos jovens como uma unidade social, ou seja, de forma essencialista segundo a idade definida biologicamente.

Melhor é adotar uma perspectiva que reconheça a constante negociação/tensão entre a categoria sociocultural determinada pela sociedade particular e a atualização subjetiva que os sujeitos concretos levam a cabo para a interiorização dos esquemas culturais vigentes.

Portanto, adolescência e juventude, como categorias sociais complementares, reservam um espaço simbólico de distinção do resto da sociedade, com caráter histórico associado a certas condicionantes do desenvolvimento das relações sociais e de produção.

Jock Young, em *A Sociedade Excludente*, discute que o essencialismo é uma estratégia suprema de exclusionismo. Ou seja, ao pretender que adolescentes e jovens sejam reconhecidos numa suposta unidade social que os faz diferentes dos demais grupos sociais, se essencializa aos mesmos, estabelecendo-se pré-requisitos para sua demonização. As propostas de redução da idade penal se sustentam justamente na crença de que são os adolescentes e jovens os principais responsáveis pela violência. Trata-se do cerne do pensamento essencialista: responsabilizar um grupo de dentro ou de fora da sociedade pelos problemas sistêmicos enfrentados por ela. Aplicado à cultura, o essencialismo permite que as pessoas acreditem na sua superioridade inerente e sejam ao mesmo tempo capazes de demonizar o outro, como essencialmente depravado, estúpido ou criminoso (YOUNG, 2002, p.163).

O crime ou a rotulação de delinquência é a moeda forte da demonização, isto é, a imputação de criminalidade ao outro desviante é uma parte necessária da exclusão e, por conseguinte, de invisibilização da real condição de sujeito e das reais demandas que envolvem ser adolescente ou jovem no Brasil hoje.

É bastante curioso que a violência como um grave problema social, de direitos humanos e de saúde pública, e que vitima majoritariamente jovens do sexo masculino, seja percebida pela opinião pública como uma questão pela qual o jovem é o responsável e não sua principal vítima. Além disso, em lugar de engendrar um reconhecimento de se tratar de um problema estrutural da sociedade brasileira, decorrente de suas contradições, se imputa à adolescência e à juventude sua causa essencial.

O Índice de Homicídios na Adolescência (IHA), desenvolvido a partir de uma iniciativa coordenada pelo Observatório de Favelas e realizada em conjunto com o Fundo das Nações Unidas para a Infância (UNICEF), a Secretaria de Direitos Humanos da Presidência da República (SDH/PR) e o Laboratório de Análise da Violência da Universidade do Estado do Rio de Janeiro (LAV-UERJ), exemplifica bem a questão.

O Índice IHA mensura a incidência de assassinatos ao longo da adolescência por meio de uma estimativa de homicídios. Os resultados referentes ao ano de 2012 demonstraram que a mortalidade por homicídios na população adolescente foi a mais alta dos últimos oito anos.

O IHA revelou ainda que raça, gênero, idade e territórios são fatores que aumentam as chances de um adolescente ser vítima de homicídios. Segundo o índice, os meninos entre 12 a 18 anos têm quase 12 vezes mais probabilidade de ser assassinados do que as meninas dessa mesma faixa etária. Já os adolescentes negros têm quase três vezes mais chances de morrer assassinados do que os brancos.

De acordo com o levantamento, a média de adolescentes assassinados no Brasil nesse ano antes de completarem 18 anos foi de 3,32 para cada grupo de mil. O número é considerado bastante elevado, já que, segundo os organizadores da pesquisa, uma sociedade não violenta deveria apresentar valores próximos de zero. Além disso, tal dado foi mais elevado que o de anos anteriores, evidenciando uma tendência negativa. Outro aspecto preocupante está na constatação de que em determinadas regiões do país os índices são maiores, como é o caso da Região Nordeste, que possui municípios com um IHA superior a 15, ou seja, bem superior à média nacional.

Outros estudos também vêm demonstrando que os homicídios de jovens crescem onde os fatores de proteção são mais escassos. Ou seja, as taxas de homicídio são maiores nos locais onde há superposição de carências, combinada com grande concentração de população jovem.

Devemos ter presente que a opinião pública, e algumas instituições contribuem para a naturalização e aceitação social da violência, por meio da culpabilização e demonização das vítimas, pertencentes a setores subalternos ou particularmente vulneráveis. O resultado é a aceitação da violência letal vitimando a população adolescente e jovem e a defesa absurda de que em alguns casos seria até mesmo necessária.

Observa-se, portanto, que na mesma medida em que estão ausentes das políticas de direitos humanos, em sua dimensão particular, o adolescente e o jovem estão presentes como alvo prioritário nas ações de combate e repressão à criminalidade. São comumente vistos como transgressores.

Entendemos, dessa forma, que a compreensão acerca das tensões e conflitos que se vivenciam na adolescência e juventude tem suas raízes estruturais na família, na escola e na sociedade contemporâneas, *pari passu* ao funcionamento das instituições governamentais. Logo, pobreza e privação são variáveis que não podem passar a reboque na reflexão que ora nos propomos.

Privação e delinquência, assim como vulnerabilidade e transgressão, são binômios explicativos das dinâmicas que podem resultar na prática de infrações penais, ou seja, no conflito com a lei, e exigir uma resposta mediada pela justiça.

A célebre obra de Winnicott é um divisor de águas na compreensão de que a criança considerada antissocial recorre à sociedade em lugar de recorrer à família ou à escola para lhe fornecer a estabilidade de que necessita a fim de transpor os primeiros e necessários estágios de seu crescimento emocional. Para Winnicott, a delinquência indica que alguma esperança subsiste (WINNICOTT, 1987).

Se tomarmos a transgressão na sua forma mais aguda – a violência –, a busca por soluções efetivas deve passar necessariamente pela administração e composição dos conflitos e pela mediação da linguagem. As palavras devem tomar o lugar dos atos de violência.

É do diálogo compreensivo que brota o caminho pedagógico de respeito ao outro, com ações e sentimentos de reciprocidade que podem ajudar a eliminar a violência, construindo possibilidades de encontro.

1.4 O Conflito com a Lei

Como já abordado preliminarmente, o conflito com a lei traduz-se juridicamente por meio da definição de ilicitude. Ilicitude é a característica atribuída à conduta humana que viola a ordem jurídica. Dito de outro modo, um ato ilícito é sempre uma lesão a um direito. Por isso, *ilicitude* e *antijuridicidade* são conceitos que caminham juntos.

A *antijuridicidade* significa que a ação praticada é proibida pelas normas jurídicas. Esta proibição pode ser de distintas naturezas: contratual, administrativa, civil ou penal. Na ilicitude civil, a antijuridicidade é a atuação contrária ao dever jurídico, resultando em violação do direito de outrem ou lesão a bem alheio juridicamente protegido. Já na ilicitude penal, a antijuridicidade é a contradição entre uma conduta e o ordenamento jurídico propriamente dito. O fato típico, até prova em contrário, é um que, ajustando-se a um tipo penal, é antijurídico.

Fundamentalmente, há, portanto, duas categorias de ilícito: o civil e o penal. No primeiro, o descumprimento do dever jurídico, contratual ou extracontratual, contraria normas de Direito privado e tem por consequência a entrega de um bem ou de uma indenização.

Diferentemente, o ilícito penal ocorre quando a conduta antijurídica enquadra-se em uma conduta criminalizada pelo Direito, ou seja, em um tipo de crime definido por lei. A consequência consiste geralmente em uma restrição à liberdade individual ou no pagamento de multa. Trata-se de uma sanção jurídico-penal.

Para esclarecer essa temática, necessário se faz buscar algumas definições da lei brasileira. Nestes termos, a Lei de Introdução ao Código Penal brasileiro, Lei nº 3.914/41, apresenta a seguinte conceituação:

> Considera-se crime a infração penal a que a lei comina pena de reclusão ou detenção, quer isoladamente, quer alternativa ou cumulativamente com pena de multa; contravenção, a infração a que a lei comina, isoladamente, pena de prisão ou de multa, ou ambas, alternativa ou cumulativamente.

Para a doutrina penal brasileira, ou seja, a maioria dos autores, o crime é a ação típica e antijurídica.

Cabe destacar que uma ação típica é uma ação incriminada pelo Direito e tal função de elaboração de normas incriminadoras é exclusiva de lei. É a lei que define com precisão e de forma cristalina as condutas consideradas proibidas. Trata-se do princípio da legalidade ou da reserva legal, insculpido inclusive na Constituição Federal de 1988, em seu artigo 5º, inciso XXXIX: "não haverá crime sem lei anterior que o defina, nem pena sem prévia cominação legal".

Feitas estas considerações acerca da definição de crime, passamos à sua aplicação no campo da disciplina específica à responsabilização dos menores de 18 anos pela prática de infrações penais que configuram o conflito com a lei.

A definição do artigo 103 do Estatuto da Criança e do Adolescente – ECA nos revela que: "Considera-se ato infracional a conduta descrita como crime ou contravenção penal."

É importante frisar que a nova terminologia correspondente a ato infracional adotada pelo ECA substituiu a de infração penal das legislações menoristas. Contudo, em nosso entender, não há diferenças substantivas.

A conduta praticada pelo adolescente somente se afigurará como ato infracional se, e somente se, contiver os mesmos aspectos que definem a definição do crime, da infração penal. Por conseguinte, o critério de identificação dos fatos de relevância infracional é a própria pena criminal, o que implica que a definição de Ato Infracional também está inteiramente condicionada ao Princípio da Legalidade.

Desse modo, não se admite no ordenamento jurídico brasileiro a imposição de medida socioeducativa sem a existência de crime ou contravenção. Daí a indiferenciação terminológica entre ato infracional e infração penal.

Outra forma de atestar isto é observar que o ato infracional somente existe se há figura típica que o preveja. O ambíguo desvio de conduta, que no Código de Menores sustentava-se sob a égide do artigo 2º, não é mais suficiente para legitimar o exercício do poder punitivo sobre adolescentes.

Se todo crime quando praticado por um adolescente é ato infracional e o mesmo vale para toda contravenção penal, tem-se que ato infracional é toda conduta típica (crime ou contravenção penal), antijurídica e culpável (punível/reprovável).

Em não havendo tipicidade, antijuridicidade e culpabilidade no que se refere à reprovabilidade da conduta praticada, não há que se falar em imposição de sanção jurídico-penal, que no ECA recebe o nome de medida socioeducativa.

Logo, a conduta do adolescente configura um ato infracional quando possui tipicidade, e somente neste caso poderá ter como resposta uma medida socioeducativa. Também a antijuridicidade da conduta praticada é o elemento que permite vincular a ação do sujeito ao desrespeito da ordem jurídica. Considerando ainda que nem toda conduta antijurídica é delito, mas todo delito contém antijuridicidade, na medida em que representa uma quebra da ordem jurídica e do direito positivo, para o ato infracional será também a antijuridicidade a marca distintiva de demonstração da relevância penal ou infracional (SPOSATO, 2006, p. 114).

O ato infracional, portanto, corresponde a um fato típico e antijurídico, previamente descrito como crime ou contravenção penal. Impõe a prática de uma ação ou omissão e a presença da ilicitude para sua caracterização.

Considerando, ainda, que o modelo presente no Estatuto da Criança e do Adolescente é o da responsabilidade, é evidente que os adolescentes devem responder por seus atos na medida de sua culpabilidade, uma vez que possuem capacidade valorativa e liberdade da vontade para aderir ao ilícito ou não, e com a possibilidade de diferentes graus de participação.

Assim como o crime, o ato infracional só tem existência diante de um nexo de causalidade entre a conduta e o resultado danoso, ou seja, mediante a existência de uma conduta dolosa ou ao menos culposa por parte do menor de idade.

Assim, no que se refere às finalidades preventiva geral e especial da pena, a medida socioeducativa também tem em conta o delito cometido e fundamenta-se na responsabilidade ética do delinquente. Em ambas as espécies de sanções, o objetivo é alcançar uma adequação da resposta em relação ao sujeito e ao fato cometido.

Com todas as características de coerção penal, as medidas procuram evitar a prática de novos atos infracionais por adolescentes e, sobretudo, diminuir a vulnerabilidade do adolescente ao próprio sistema de controle penal, por meio da oferta de um conjunto de serviços e políticas sociais. Aspecto este que pretendemos abordar em maior profundidade a seguir.

Como querem muitos, a suposta distinção da medida socioeducativa da pena estaria em seu duplo sentido: o sancionador e o socializador. Porém, mesmo a pena criminal no Direito Penal tradicional possui sua face ressocializadora, em virtude da função de prevenção especial, sem a qual a pena seria meramente simbólica, retributiva e instrumentalizadora do ser humano.

Para os adolescentes, contudo, o Princípio da Condição Peculiar de Pessoa em Desenvolvimento impõe que a prevenção especial das medidas se realize por intermédio de projetos educativos e pedagógicos, em atendimento às necessidades pessoais e ao fortalecimento dos vínculos familiares e comunitários de cada jovem.

Dessa forma, a medida socioeducativa é espécie de sanção penal, visto que representa a resposta do Estado diante do cometimento de um ato infracional, praticado por adolescente, e revela a mesma seleção de condutas antijurídicas que se exerce para a imposição de uma pena (SPOSATO, 2006, p. 117).

A prevenção especial, delimitada pelo princípio de condição peculiar de pessoa em desenvolvimento, tem por objetivo evitar a reincidência e, com efeito, impedir a vulnerabilidade dos adolescentes ao sistema de controle social e à marginalização.

Poder-se-ia afirmar, também, que, para o alcance de tais objetivos, a medida socioeducativa lança mão de um conteúdo estratégico correspondente à educação, o que em última instância significa que a intervenção do Estado diante do cometimento de um ato ilícito e antijurídico por um adolescente não se move pelo castigo, nem tampouco pela retribuição.

Como esclarece Saraiva (2002), o ECA construiu um modelo de responsabilização do adolescente infrator. Este modelo, designado por muitos como Direito Penal Juvenil brasileiro, encontra-se em sintonia inequívoca com os preceitos que o Estado Social e Democrático de Direito impõe ao Direito Penal. Em primeiro lugar, pela atribuição à pena da função de prevenção de delitos. Em segundo, pela rejeição explícita às exigências ético-jurídicas de retribuição ao mal causado. E, por fim, pela limitação à incidência do Direito Penal estritamente aos casos de necessária proteção dos cidadãos.

Essas características do Direito Penal Juvenil estão traduzidas nas regras e princípios que compõem as Regras Mínimas das Nações Unidas para a Administração da Justiça, da Infância e da Juventude – Regras de Beijing. O item 17.1. é definido como o rol de princípios norteadores do funcionamento do Sistema de Justiça Juvenil:

> a) A resposta à infração será sempre proporcional não só às circunstâncias e à gravidade da infração, mas também às circunstâncias e às necessidades do jovem, assim como às necessidades da sociedade;
>
> b) As restrições da liberdade pessoal do jovem serão impostas somente após estudo cuidadoso e se reduzirão ao mínimo possível;

c) Não será imposta a privação de liberdade pessoal a não ser que o jovem tenha praticado ato grave, envolvendo violência contra outra pessoa ou por reincidência no cometimento de outras infrações sérias, e a menos que não haja outra medida apropriada;

d) O interesse e bem-estar do jovem será o fator preponderante no exame dos casos.

Como constatado, cada uma dessas disposições corresponde à conjugação dos princípios penais com os princípios próprios do Direito Penal Juvenil. A alínea "a" traduz os princípios da Proporcionalidade, Culpabilidade e Respeito à Condição Peculiar de Desenvolvimento; a "b" refere-se à Intervenção Mínima; a "c", à excepcionalidade da internação; e a alínea "d", ao princípio do melhor interesse do adolescente.

Sob essas bases iniciais está assentado o novo Direito Penal Juvenil no Estatuto da Criança e do Adolescente, que impera ser revelado para que todas as garantias do Direito Penal possam valer para os adolescentes em conflito com a lei, e ainda outras específicas, em decorrência de seu estágio especial de desenvolvimento da personalidade.

Posteriormente voltaremos a abordar estas questões, quando do estudo detalhado da Justiça Restaurativa Juvenil. Antes, contudo, nos dedicaremos a conhecer diferentes formas de resolução de conflitos, passo inicial para o aprofundamento do tema da Justiça Restaurativa.

CAPÍTULO 2 – FORMAS DE RESOLUÇÃO DE CONFLITOS

Este capítulo se dedica a observar as diversas formas de resolução de conflitos, adotando uma perspectiva interdisciplinar. Para tanto, iniciamos com a seguinte indagação: Você já vivenciou e percebeu ao seu redor alguma situação conflituosa? Certamente, a resposta será positiva. Isso porque os conflitos são inerentes à natureza humana e ao convívio social.

Reconhecer a existência do conflito é um primeiro passo para superar situações de crise, posto que possibilita a sua análise e adoção de mecanismos para sua resolução, implicando a melhoria das pessoas em seu aspecto interno (autoconhecimento) e nas relações sociais.

Vale dizer, o conflito identificado e controlado, geralmente, configura uma fonte de ideias novas e progressos por meio de discussões positivas, permitindo a exploração dos diferentes pontos de vista, interesses e valores.

Assim, como diz Warat (2004, p. 26), "os conflitos nunca desaparecem, se transformam, sendo recomendável, na presença de um conflito pessoal, intervir sobre si mesmo, transformar-se internamente, então o conflito se dissolverá (se todas as partes comprometidas fizeram a mesma coisa)".

Oportuno relembrar que o conflito é multidimensional, envolvendo aspectos sociológicos, psicológicos ou mesmo filosóficos das pessoas que o vivenciam. Logo, de forma subliminar ao ato infracional ou a uma pretensão resistida, pode haver sentimentos "maquiados", como amor, paixão, ciúme, inveja, revolta, raiva, preconceito ou discriminação.

Diante da existência de aspectos intrassubjetivos – que, certas vezes, ficam ocultos –, imagina-se o conflito como a figura de um *iceberg*, sendo visível nas relações apenas a ponta e, por conseguinte, havendo uma dimensão mais ampla subjacente ao mesmo.

Para compreender o conflito em sua profundidade, é relevante que os instrumentos de resolução de conflitos se coadunem com a epistemologia[2] contemporânea de *perspectiva interdisciplinar*, aplicável a todo e qualquer campo da vida humana, de sorte a envolver diversas áreas, como Psicologia, Sociologia, Antropologia, Direito, Filosofia e Teoria da Comunicação, a fim de lidar com a complexidade e variedade de realidades.

A *interdisciplinaridade* significa o intercâmbio de saberes entre diversas áreas. Difere da *multidisciplinaridade*, que adiciona a uma ciência o conhecimento de outra sem ensejar comunicação entre as ciências, bem como da *transdisciplinaridade*, que vislumbra "o diálogo entre ciências exatas e humanas, mas também com a arte, a experiência interior, os mitos e as religiões nas diferentes culturas" (MUSZKAT, 2008, p. 13).

Conhecimento interdisciplinar, segundo Hilton Japiassu (1976, p. 5), constitui instrumento de reorganização do meio científico, pois esse saber toma de empréstimo das diferentes disciplinas os respectivos esquemas conceituais de análise, submete-os à comparação e a julgamento e, por fim, promove uma mútua integração.

Registre-se que para o surgimento da tendência interdisciplinar, ocorrida na Europa, grande foi a influência da obra de Thomas Kuhn e das novas teorias surgidas nas ciências físico-matemáticas

---

[2] Epistemologia, segundo o *Novo Dicionário da Língua Portuguesa*, é o "estudo crítico dos princípios, hipóteses e resultados das ciências já constituídas, e que visa a determinar os fundamentos lógicos, o valor e o alcance objetivo delas" (FERREIRA, Aurélio Buarque de Holanda, 2ª ed., 1986, p. 673)

e nas ciências humanas no século XX, que trouxeram novas indagações para a Filosofia da Ciência, em especial sobre a verdade e o saber compartimentado[3] (PRADO, 2010, p. 171).

Thomas Kuhn foi professor de Filosofia e História da Ciência do Massachussetts Institute of Technology (MIT), em Boston, e ficou mundialmente conhecido pelo livro *A estrutura das revoluções científicas*, publicado em 1963, no qual criticou a tradição positivista, acentuando que a ciência se desenvolve por saltos, provocados por fatores externos, como os históricos, psicológicos e sociológicos, estranhos à estrita racionalidade científica (PRADO, 2010, p. 171).

Nessa perspectiva, a razão, longe de objetivar a busca da verdade, poderia consistir num recurso para escamoteá-la. É por isso que se utiliza a noção de inconsciente, formulada por Freud, revelando que a razão é menos poderosa do que se supunha, pois a consciência é, em grande parte, dirigida e controlada por forças profundas e desconhecidas (PRADO, 2010, p. 172).

Assim, a análise do conflito e suas consequências transcende o discurso jurídico tradicional positivista, essencialmente racional, devendo adotar um viés interdisciplinar para adentrar nos múltiplos e complexos fenômenos afetivos e sociais envolvidos, irredutíveis ao conhecimento de uma única ciência.

À guisa de informação, registre-se que no Brasil há vários trabalhos interdisciplinares, como o desenvolvido por Luís A. Warat, ao escrever sobre Semiologia Jurídica. Esse autor, na obra *Surfando na pororoca: o ofício do mediador*, trouxe um novo paradigma

---

[3] Registre-se que outro notável teórico da interdisciplinaridade na Europa, na década de 1960, foi Gusdorf, autor da obra *La Parole* e do Projeto Interdisciplinar para as ciências humanas, patrocinado pela UNESCO (PRADO, 2010, p. 173).

para análise do conflito, tendo em vista que ele nunca desaparece, transforma-se, cabendo intervir nos sentimentos, ao invés de apenas atentar ao conflito.

Por conveniente, importa salientar que não é tarefa fácil para operadores do Sistema de Garantia de Direitos e do Sistema de Justiça, acostumados com uma perspectiva tradicional, implementar uma visão interdisciplinar de resolução de conflitos.

Cabe enfrentar, todavia, os entraves e adotar os métodos de resolução de conflitos em uma abordagem interdisciplinar, dando ensejo à promoção de uma efetiva cultura de paz.

Nesse caminho, mister se faz empregar mecanismos que trabalham o conflito de forma preventiva (por meio de ações educativas, como comunicações não violentas) ou intervêm durante o seu desenvolvimento, proporcionando a promoção do diálogo, por meio de resoluções apropriadas de conflitos, que serão posteriormente explanados.

Tendo em vista o dever do Estado de proporcionar a paz e segurança na sociedade, zelando pela solução pacífica dos conflitos, a Constituição Federal de 1988 estabeleceu o direito fundamental do acesso à justiça, afirmando que "a lei não excluirá da apreciação do Poder Judiciário lesão ou ameaça a direito" (art. 5º, inciso XXXV).

Mauro Cappelletti e Bryant Garth (1988, p. 8) salientam que a expressão *acesso à justiça* é de difícil definição, mas serve para atingir duas finalidades básicas do sistema jurídico: ser igualmente acessível a todos e produzir resultados que sejam individual e socialmente justos.

Importa atentar que *acesso à justiça* não se manifesta exclusivamente na possibilidade de ingresso em juízo (processo judicial). É preciso não confundir *acesso à justiça* com *acesso ao Judiciário*. O *acesso à justiça* está umbilicalmente ligado ao resultado da solução do conflito, no sentido de viabilizar o *acesso à ordem jurídica justa*, vale dizer, efetivando a promoção da justiça. E não se pode dizer que todo *acesso à justiça* passe necessariamente pelo *acesso à jurisdição*, uma vez que existem outras formas adequadas de resolução de conflitos.

Na direção do *movimento de acesso à justiça*, Mauro Cappelletti e Bryant Garth indicam caminhos para superar as dificuldades que fazem inacessível para tanta gente o alcance da justiça substancial.

Como salientam os supracitados autores (1988, p. 8), há *três obstáculos* ou ondas de *acesso à justiça*: o primeiro é o obstáculo econômico, isto é, a pobreza de muitas pessoas que pouco acesso têm à informação e à representação adequada; o segundo obstáculo é o *organizacional*, que se expressa nos chamados direitos e interesses (de grupo) difusos ou coletivos, nos quais o litigante individual seria o titular de insignificante fragmento do dano em questão; e o terceiro obstáculo é *processual*, no sentido de que o processo litigioso no Judiciário pode não ser o melhor caminho para ensejar a vindicação efetiva de direitos, de maneira que se faz necessária a busca de outras formas mais apropriadas que os juízos ordinários e os procedimentos usuais.

Nessa terceira onda de Mauro Cappelletti e Bryant Garth (1988, p. 67-68), enquadra-se a *mediação de conflitos* e *Justiça Restaurativa*, que "centra sua atenção no conjunto geral de instituições e mecanismos, pessoas e procedimentos utilizados para processar e mesmo prevenir disputas nas sociedades modernas".

É nesse passo de alcance efetivo do justo que se revela fundamental a existência de um "sistema pluriprocessual" ou "sistema multiportas" de enfrentamento de disputas, configurado pela presença no ordenamento jurídico brasileiro de diversos mecanismos diferenciados para o tratamento adequado dos conflitos, de acordo com as circunstâncias de cada situação.

Propõe-se, com André Gomma de Azevedo (2013, p. 7), a implementação no nosso ordenamento jurídico-processual de mecanismos paraprocessuais ou metaprocessuais que efetivamente complementem o sistema instrumental na direção do melhor atingimento de seus escopos fundamentais ou, até mesmo, que atinjam metas não pretendidas diretamente no processo heterocompositivo judicial.

Com vistas a diversas formas de resolução de conflitos, a doutrina dominante costuma classificá-las em três grupos: *autotutela* (também chamada de autodefesa), *autocomposição* e *heterocomposição*; a grande diferença entre estes está nos "sujeitos envolvidos" e na "sistemática operacional" do processo.

Na *autotutela* e na *autocomposição*, apenas os sujeitos originais se relacionam buscando a extinção do conflito, ou seja, a sistemática é autogerida pelas próprias partes, seja unilateralmente, como na autodefesa, ou por ambas, como na autocomposição.

Na *heterocomposição*, há a interferência de um agente exterior (terceiro imparcial) aos sujeitos originais na dinâmica que impõe a solução do conflito por meio de uma decisão.

Adotando a perspectiva preponderante no direito processual moderno, classificamos como meios heterocompositivos a *jurisdição* e a *arbitragem*, e autocompositivos a *negociação*, a *conci-*

liação, a *mediação de conflitos* e a *Justiça Restaurativa*[4], sobre os quais nos debruçaremos nas linhas que seguem e, a respeito deste último, em maior detalhe, nos últimos capítulos.

2.1 Autotutela

Também conhecida como autodefesa, a autotutela é a forma primitiva de solução de conflitos, que se revela quando um sujeito impõe seu interesse à outra parte, sobre a qual exerce coerção, em uma espécie de justiça privada.

Em outras palavras, é a forma de resolução de conflitos em que uma das partes, com utilização da força, impõe sua vontade sobre a parte mais fraca.

Nota-se que, na autotutela, a solução do conflito provém unilateralmente e de forma imposta à outra parte, o que sugere o uso de violência e a vitória do mais forte, que pode não ser, necessariamente, o real titular do direito.

Nas palavras de Fredie Didier Jr. (2009, p. 77), a autotutela "é conduta tipificada como crime: exercício arbitrário das próprias razões (se for um particular) e exercício arbitrário ou abuso de poder (se for o Estado)".

Por isso, tal forma de solução costuma ser proibida pelos ordenamentos jurídicos, permitida apenas em casos excepcionais. O Código Civil Brasileiro de 2002, prevendo a possibilidade de

---

[4] É importante salientar que negociação, arbitragem, mediação de conflitos e justiça restaurativa são comumente denominados de Meios Alternativos de Resolução de Disputas (ADRs – *Alternative Dispute Resolutions*), Meios Alternativos de Resolução de Controvérsias – MASCs, Meios Extrajudiciais de Resolução de Controvérsias – MESCs, Resolução Apropriada de Disputa – RAD.

o indivíduo utilizar sua própria força para preservar a si ou a outrem em situações de agressão, estabelece no art. 188: "Não constituem atos ilícitos: I – os praticados em legítima defesa ou no exercício regular de um direito reconhecido."

No entanto, essa permissão tem regras específicas que devem ser observadas, como a obrigação de a reação ser instantânea à agressão e com moderação. Em não sendo observadas tais disposições, será tipificado crime, conforme o artigo 345 do Código Penal: "Fazer justiça pelas próprias mãos, para satisfazer pretensão, embora legítima, salvo quando a lei o permite[...]".

No âmbito trabalhista, também, há a admissibilidade da autotutela no âmbito dos conflitos coletivos, que é o direito de greve que, nos termos do art. 2º da Lei nº 7.783/1989, consiste na suspensão coletiva, temporária e pacífica, total ou parcial, de prestação pessoal de serviços a empregador – com objetivo de pressionar o empregador a atender as reivindicações da classe trabalhadora. Todavia, também para ser exercido esse direito é necessário atender diversas condições legais.

2.2 Jurisdição

A jurisdição – manifestação da soberania estatal – é a forma de solução heterocompositiva por excelência, tendo em vista a nossa "cultura demandista", em que o Estado-Juiz tem o poder-dever de "dizer o Direito" incidente sobre determinada "lide" – pretensão de uma parte resistida pela outra e posta em apreciação na ação – por meio de uma decisão coercitiva.

Tradicionalmente, o procedimento judicial é estruturado em um *sistema adversarial e dialético*, que adota a lógica do "ganhador-perdedor" (há um vencedor e um vencido); também é *autocrático*, uma vez que pautado na imperatividade da lei; tem *pretensão universal*, pois a lei é aplicada indistintamente para todos, e é *coercitivo, burocrático e não participativo*, na medida em que impõe uma solução sem dar oportunidade de as partes intervirem livres dos mecanismos judiciais pré-estabelecidos (FOLEY, 2010, p. 74).

Com o passar do tempo, foi possível perceber que essa estrutura judicial de resolução de conflitos ensejava um descrédito do Judiciário ante a ausência de pacificação social (inclusive, pelo alto índice de reincidência dos conflitos).

Registre-se que, por vivenciarmos a "era da informação", na qual grande parte das pessoas conhece seus direitos e questiona quando são desrespeitados, os conflitos judiciais ampliaram-se, gerando o sobrecarregamento de processos e a morosidade na resolução dos conflitos judiciais.

Propondo uma revolução democrática da justiça, Boaventura de Sousa Santos (2011, p. 39), ao destacar ser uma tarefa extremamente requintada, identifica vetores de transformação, quais sejam: profundas reformas processuais; novos mecanismos e protagonismos no acesso ao Direito e à justiça; nova organização e gestão judiciárias; revolução na formação profissional, desde as faculdades de Direito até a formação permanente; e uma cultura jurídica democrática e não corporativa.

Diante disso, as sociedades contemporâneas ocidentais vivenciam uma fase denominada de "desjudicialização", que significa facultar às partes comporem seus conflitos. O uso desse termo traduz a necessidade da reestruturação do sistema de administração da justiça como forma de promover a efetividade dos direitos e fator de desenvolvimento, cabendo evitar o acesso generalizado e, por vezes, injustificado à justiça estatal.

Vivencia-se, assim, um momento de transformação em relação ao "Sistema de Justiça". Tem-se, por ideal, que os indivíduos busquem suas necessidades e as promovam por meio do diálogo, ensejando a compreensão dos interesses em conflito. Por isso, vê-se uma tentativa incessante de que as partes participem mais da elaboração das soluções dos seus próprios problemas, pois são elas que têm a sua melhor dimensão.

Daí porque Ingo Wolfgang Sarlet (2001, p. 60) propõe que as decisões dos magistrados:

> [...] venham a lhe garantir as condições existenciais mínimas para uma vida saudável, além de propiciar e promover sua participação ativa co-responsável nos destinos da própria existência e da vida em comunhão dos demais seres humanos.

Na visão de Fernanda Tartuce (2008, p. 101):

> Em uma visão holística do problema, a busca de soluções há de ser multifacetada. Com efeito, múltiplas mudanças haviam – e hão – de ser concebidas no tratamento do tema, especialmente considerando, além de modificações procedimentais para administração de conflitos já jurisdicionalizados, a participação de leigos e mecanismos diversos para o tratamento destas e de outras controvérsias.

Assim, na direção de implementar o acesso à justiça, deve o conflito ser trabalhado em uma perspectiva interdisciplinar, como já salientado em linhas acima.

Sabemos que a lei, por sua natureza, tem limites para dialogar com a diversidade e que não se altera com a mesma rapidez das mudanças sociais, pois dificilmente leva em conta o conhecimento produzido pelas ciências.

A diversidade, segundo Zygmunt Bauman (2004, p. 137), demanda o desenvolvimento de atitude negociadora, pois as inúmeras formas de convívio, em ambientes de grande complexidade, supõem novas competências, habilidades e esforços para compreender e comprometer-se com a diferença, e em meio a ela.

A propósito, Carlos Eduardo de Vasconcelos (2012, p. 30) destaca que a convivência na diversidade é inevitável resultante da era dos conhecimentos, sendo necessário que aprendamos a lidar com isso, tanto nas relações de vizinhança quanto nas relações planetárias, a partir de uma educação que nos ajude a avançar, consoante uma ética de tolerância; logo, precisamos desenvolver políticas públicas para lidar com o dissenso, na ambiência de uma moral pós-convencional, em que o elemento hierárquico é menos consistente.

Na mira de implementar uma nova diretriz para resolução de conflitos, de democracia participativa, na qual as partes sejam protagonistas por meio de condutas cooperativas, o Conselho Nacional de Justiça (CNJ) acertadamente publicou a Resolução nº 125/2010, que instituiu uma Política Pública de Tratamento Adequado dos Conflitos.

Essa resolução do CNJ tem por escopo que o Poder Judiciário assuma função de gerenciamento de disputas e, ao invés de se preocupar com a quantidade de sentenças publicadas, tenha como norte a qualidade das soluções de conflito, observando, em cada caso concreto, o meio mais eficiente para pacificar o conflito, com vistas a consagrar a efetivação do princípio do acesso à Justiça.

Decerto que o acesso à Justiça, como adverte Tarso Genro (2011, p. 13), abarca a realização de soluções negociadas e o fomento da mobilização da sociedade para que possa participar ativamente dos procedimentos de resolução de disputas, bem como de seus resultados.

Nesse mesmo caminho, em 2015, adveio o novo Código de Processo Civil, estabelecendo, no capítulo V (art. 334), a audiência de conciliação e mediação, a fim de promover uma solução consensual para o conflito.

Dessa feita, a mediação e conciliação foram postas como instrumentos relevantes de administração do conflito, inclusive no ambiente jurisdicional, devendo ser nucleares, num processo colaborativo em que o juiz contribui para que "as partes e os advogados dialoguem, no campo das suas contradições, contando com o apoio de mediadores, com vistas ao atendimento das reais necessidades a serem contempladas pela decisão, que deve ser, sempre que possível, consensuada" (VASCONCELOS, 2012, p. 27).

2.3 Arbitragem

Apesar de ser um método heterocompositivo e facultativo de resolução de conflitos, a arbitragem vem ganhando espaço no cotidiano das relações sociais, sendo regulamentada pela Lei nº 9.307/1996, que foi recentemente reformada pela Lei nº 13.129/2015; é um mecanismo cada vez mais valorizado, o que se revela pela atual permissão de sua aplicação, no âmbito da administração pública direta e indireta, quando estejam em questão os interesses patrimoniais disponíveis.

Dá-se quando um terceiro imparcial – que não é o Estado-Juiz, sendo um árbitro privado escolhido pelas partes – promove julgamento de direito ou de equidade (a critério das partes), impondo uma decisão para resolver o conflito de direitos patrimoniais disponíveis que, nos termos do Código de Processo Civil, tem natureza jurídica de "título executivo judicial". Daí se falar que a arbitragem é um "equivalente jurisdicional".

Trata-se de instituto em que a essência contratual e jurisdicional se completa, pois pelo contrato as pessoas optam por se vincular a uma jurisdição privada, que, no entanto, deve observar princípios de ordem pública, comuns ao processo judicial, a exemplo da imparcialidade, da independência e do livre convencimento do árbitro.

Esse método pressupõe uma livre opção das partes manifestada na "convenção de arbitragem" – cláusula contratual firmada antes do surgimento do conflito ("cláusula compromissória") ou quando já existe o conflito e as partes decidem solucioná-lo via arbitragem ("compromisso arbitral").

Nas lições de Gláucia Foley (2010, p. 80), por arbitragem se entende:

> (...) um processo formal pela qual as partes, de comum acordo, aceitam submeter o litígio envolvendo direito patrimonial disponível a um terceiro, cuja decisão terá observância obrigatória. A sentença arbitral produzirá os mesmos efeitos que a sentença proferida pelos órgãos do Poder Judiciário (...).

Convém registrar que, na busca de promover a democracia participativa, ensejando uma decisão arbitral mais justa e equânime, a Lei de Participação nos Lucros ou Resultados da empresa prevê, no inciso II do art. 4º, a *arbitragem de ofertas finais*, ou seja, aquela em que o árbitro deve restringir-se a optar por uma das propostas de resolução de conflitos apresentadas pelas partes. Sem dúvida, esse caminho leva a uma maior satisfação das partes, na medida em que se aproxima de uma solução consensual.

Na direção de prestigiar o consenso, registra-se que muitos contratos têm cláusulas denominadas *med-arb*, revelando convenções de mediação e de arbitragem; isso significa que, diante de um conflito – e como requisito para instituição da arbitragem –, as partes devem se submeter previamente ao procedimento de mediação. Como a característica da mediação é a voluntariedade, na prática, muitas vezes as partes manifestam de início o desinteresse de celebrar um acordo, tornando sem efeito a convenção de mediação. Cabe lembrar que, diferentemente do que se dá na mediação, a lei prevê execução específica para assegurar a instituição do procedimento de arbitragem (VASCONCELOS, 2012, p. 48).

De igual modo, tem sido crescente, principalmente no meio empresarial, a adoção da "avaliação neutra" (*neutral evaluation*), que consiste em uma perícia arbitral não vinculativa, contratada pelos interessados, em que o avaliador (pessoa de confiança dos contratantes) examina a matéria e elabora o laudo que, muitas vezes, é acatado pelos dissidentes, prevenindo litígios judiciais e arbitrais, bem como proporcionando a continuidade das relações entre os interessados (VASCONCELOS, 2012, p. 48).

2.4 Autocomposição

A autocomposição consiste em um instrumento legítimo de pacificação social que supera o dogma da solução jurisdicional dos conflitos. Revela-se quando o conflito é solucionado diretamente pelas próprias partes, por meio do despojamento unilateral de direito em favor de outrem (renúncia)[5] ou por meio de concessões recíprocas (transação).

De grande importância é a introdução desse método que procura substituir a imposição, o uso da força e a tentativa de tirar vantagens dentro do conceito ganha-perde de exclusão, substituindo-o pelo respeito, a responsabilidade e a cooperação, baseados no ganha-ganha (VEZZULLA, 2006, p. 72).

Na perspectiva de estimular a autocomposição e diante de nossa cultura adversarial, como ensina Pinho (2008, p. 287-288), deve-se instituir um mecanismo prévio e obrigatório para tentativa de solução ajustada, de maneira a exigir do autor a prova da tentativa de autocomposição, e o juiz, se não se convencer das alegações do autor, designará uma sessão de mediação ou conciliação. A nosso ver, o princípio da voluntariedade, aplicável aos métodos autocompositivos, não impede este *modus operandi* judicial, posto que o que se pretende é a busca da solução ajustada, por meio da promoção do diálogo, sem que se imponha a formação de um acordo.

A propósito, o novo Código de Processo Civil (2015) estabelece, no art. 165 *in verbis*:

> Os tribunais criarão centros judiciários de solução consensual de conflitos, responsáveis pela realização de sessões e audiências de conciliação e mediação e pelo desenvolvimento de programas destinados a auxiliar, orientar e estimular a autocomposição.

---

[5] É importante não confundir desistência – que é a abdicação temporária de um direito – com renúncia, que significa o abandono do direito de forma definitiva.

Em uma situação ideal, portanto, os conflitos de interesses devem ser resolvidos diretamente pelos interessados (autocomposição), sem necessidade de intervenção de uma terceira parte para decidir a questão (heterocomposição).

A utilização dos métodos autocompositivos, nos quais os envolvidos pacificam espontaneamente a disputa, representa um sinal de amadurecimento e de equilíbrio altamente desejado no meio social.

No entanto, é possível a participação de alguém estranho ao conflito, um terceiro imparcial, para exercer um papel de mero facilitador da comunicação ou estimulador da solução, não desnaturando o caráter consensual de decisão pelas próprias partes.

Entre os instrumentos autocompositivos de resolução de conflitos, merecem destaque *negociação, conciliação, mediação e as práticas restaurativas*.

2.4.1 Negociação

As pessoas se relacionam e, em diversos momentos, praticam atos de negociação, consistindo em um instrumento fundamental da sociedade contemporânea.

A negociação promove a interação entre duas ou mais pessoas, que buscam compor interesses, públicos ou privados, para lograr um acordo.

Segundo conceitua William Ury (2015, p. 11), a negociação consiste em "qualquer comunicação interpessoal em mão dupla, na tentativa de chegar a um acordo entre as partes".

A negociação, informada pelos princípios da boa-fé e transparência, para que seja exitosa, deve ser cooperativa, proporcionando a composição equitativa de interesses entabulados em um ajuste. Em outras palavras, deve-se evitar a negociação competitiva (caracterizada por posições rígidas, concessões mínimas e desejo de vencimento da discussão) e valorizar a negociação cooperativa, em que as ações são norteadas por um resultado que beneficie a todos os envolvidos, afastando-se dos interesses meramente individuais.

Atente-se que se deve entender por negociação a simples tentativa de entendimento das partes, sem que necessariamente tenha que se chegar a um acordo, embora seja este o seu fim.

Dependendo da natureza da relação interpessoal, a negociação, que tem por objetivo ganhos mútuos, pode adotar o *modelo integrativo* (para relações continuadas e com vistas a ampliar os campos de atuação comum) ou o *distributivo* (para relações episódicas, quando se busca compartir os bens materiais e imateriais em negociação) (VASCONCELOS, 2012, p. 42).

Entretanto, nem sempre será adequada a composição do conflito por meio da negociação; em alguns casos, faz-se necessária a colaboração de uma terceira pessoa, pela mediação e conciliação, a seguir analisadas.

2.4.2 Mediação e Conciliação

Diferentemente da forma tradicional de dirimir conflitos com a intervenção de um terceiro imparcial (a jurisdicional), que se baseia na *lógica adversarial* na qual um ganha e o outro perde, a mediação e a conciliação de conflitos se fundam na *lógica da parceria*, buscando uma solução em que todos saiam ganhando.

Embora a mediação e a conciliação sejam abordadas, em regra, conjuntamente, inclusive em textos normativos, como veremos adiante, apresentam algumas nuances distintivas que merecem ser destacadas.

A conciliação é o meio em que o terceiro imparcial intervém no conflito por meio de uma posição ativa para que as partes façam concessões recíprocas e cheguem a um consenso na resolução do conflito.

Já a mediação consiste no mecanismo de facilitação da comunicação para construção autônoma e cooperativa de uma possível solução do conflito. Em outras palavras, constitui um instrumento de pacificação social dos conflitos, que induz as pessoas envolvidas a se comunicarem, reverem suas posições e buscarem soluções criativas para suas dissidências, com ganhos mútuos, proporcionando a preservação do relacionamento entre elas.

Nessa mira, Jay Folberg e Alison Taylor (1992, p. 30) ensinam que a mediação é uma alternativa à violência, à autoajuda e ao litígio, o que difere dos processos de conciliação, negociação e arbitragem. É um procedimento que faz com que os participantes assumam responsabilidades e tomem decisões que influenciam suas vidas.

A lógica da mediação, portanto, obedece a um padrão *dialógico* (o seu foco está direcionado para a compreensão das circunstâncias do conflito e a restauração da comunicação entre os sujeitos), *horizontal* (há o empoderamento dos envolvidos, evitando-se situações de dominação) e *participativo* (construção do consenso em comunhão).

Desde logo, observamos que o propósito da mediação é transformar o conflito, de sorte a possibilitar que as partes autonomamente construam uma solução satisfatória, diferindo, portanto, de uma decisão imposta – seja pelo Poder Judiciário ou árbitro – ou de um acordo influenciado por propostas de terceiro (conciliador), que muitas vezes se afastam dos reais interesses dos sujeitos envolvidos no conflito.

É por isso que – como já dissemos no livro intitulado *Mediação de Conflitos* – a mediação possibilita resolver o conflito de forma macro e não pontual, sendo diferente do que ocorre na solução adjudicada estatal por sentença ou ajustada por meio da conciliação entre as partes, que se prende, em regra, a fatos expressamente narrados no processo (SILVA, 2013, p. 163).

Assim sendo, a mediação proporciona uma melhoria na comunicação entre os dissidentes e transformação do relacionamento, possibilitando a resolução da dissidência, inclusive por meio de acordo.

Como assinala Rafael Martínez Martín (2015, p.104), professor de Sociologia da Universidade de Granada, o mediador melhora o processo de comunicação, ajudando as partes a definir de forma clara seus problemas, compreender os interesses de cada parte e gerar opções para solucionar a disputa; o mediador não impõe a solução ao problema, pois são as partes que mantêm a responsabilidade de fazer sua própria decisão.

Grande ponto de distinção, por conseguinte, é que a conciliação busca diretamente o acordo, enquanto que a mediação o almeja indiretamente, já que tem por foco primordial o restabelecimento da comunicação e a promoção do diálogo. Assim, ainda que não haja acordo, a mediação é considerada exitosa quando atinge o objetivo de aperfeiçoamento da comunicação e a transformação dos envolvidos.

Nesse diapasão, esgrimimos que a conciliação deve ser utilizada em controvérsias que não envolvem emoções ou sentimentos – como as que apresentam interesses meramente patrimoniais –, enquanto que a mediação é apropriada para conflitos multidimensionais ou complexos, em que aspectos subjetivos entram em questão e o relacionamento entre os envolvidos tende a se protrair no tempo.

Nesse olhar, Alexandre Araújo Costa (2004, p. 162) afirma que a conciliação é cabível quando estiver em questão um vínculo único entre as partes, decorrente de conflitos mais restritos ou ocasionais, denominados unidimensionais, ou seja, aqueles em que não haja interesse na continuidade do relacionamento no futuro; já a mediação é apropriada para conflitos mais amplos, como os que envolvam relações familiares, de vizinhança, de trabalho e de amizade ou companheirismo.

Saliente-se que relações contínuas não se restringem ao âmbito familiar, dando-se, também, em situações de agrupamento de pessoas cujo convívio é definido por necessidades cotidianas ou pelo exercício de funções – sejam estas de trabalho, agremiações, vizinhança etc.

Diante da semelhança, a mediação e a conciliação são disciplinadas conjuntamente, no artigo 334 do novo Código de Processo Civil – CPC (2015), que dispõe a respeito da audiência de conciliação ou mediação. Todavia, este diploma normativo – ao definir estes institutos no art. 165, §§ 2º e 3º – destaca as diferenças ao expressar *in verbis*:

> § 2º O conciliador, que atuará preferencialmente nos casos em que não houver vínculo anterior entre as partes, poderá sugerir soluções para o litígio, sendo vedada a utilização

de qualquer tipo de constrangimento ou intimidação para que as partes conciliem.

§ 3º O mediador, que atuará preferencialmente nos casos em que houver vínculo anterior entre as partes, auxiliará aos interessados a compreender as questões e os interesses em conflito, de modo que eles possam, pelo restabelecimento da comunicação, identificar, por si próprios, soluções consensuais que gerem benefícios mútuos.

Repisa-se, dessa forma, que o conciliador tem uma participação direta na autocomposição, pois objetiva precipuamente o estabelecimento de ajuste entre os dissidentes. Já o mediador, com a perspectiva do fomento ao diálogo, enseja a compreensão de sentimentos e interesses em conflito, promovendo o restabelecimento da comunicação, o que possibilita aos envolvidos identificar, por si próprios, soluções consensuais que gerem benefícios mútuos; em outro dizer, o mediador não propõe soluções para os sujeitos em conflito.

A conciliação e a mediação são norteadas por princípios como independência e imparcialidade do mediador; autonomia da vontade e isonomia dos envolvidos no conflito; confidencialidade de todos que presenciam ou participam do procedimento; oralidade, informalidade, boa fé e decisão informada, nos termos do *caput* do art. 166 do Novo Código de Processo Civil (2015) e do art. 20 da recente Lei nº 13.140, de 26 de junho de 2015, que disciplina a mediação. Ademais, estas duas formas autocompositivas de conflitos podem ser desenvolvidas no âmbito extrajudicial ou judicial.

Tendo em vista o relevo da mediação de conflitos, como engrenagem fundamental na construção cidadã dos direitos humanos, por meio da humanização nos procedimentos de resolução de controvérsias, nos dedicaremos, nas linhas que seguem, a desenvolver um pouco mais esta temática.

Registre-se que alguns autores utilizam a expressão "mediação paraprocessual" (para = ao lado de), pretendendo estimular no âmbito do Poder Judiciário a realização desse mecanismo, conduzindo a um processo justo e democrático em que as partes possam alcançar uma melhor solução, sem a necessidade de intervenção de um terceiro por meio de decisão imposta que dificilmente deixará os envolvidos satisfeitos.

No âmbito judicial, a mediação poderá ser *prévia* ou *incidental*. A *mediação prévia* ocorre quando realizada em momento anterior ao processo judicial, ainda que dentro do Poder Judiciário, enquanto que a *mediação incidental* se dá no curso do trâmite processual.

Decerto que, como salienta Klever Paulo Leal Filpo (2016, p. 137), a lógica que instrui a mediação é bem diferente da que orienta o processo judicial, de modo que, para a convivência de ambos, cumpre-se fazer inevitáveis adequações.

Ressalte-se que a figura do mediador é fundamental para facilitar um diálogo cooperativo, baseado em confiança, reconhecimento e responsabilidade, com vistas a um resultado positivo de ganha-ganha.

Nesse passo, cabe a escolha apropriada do referencial teórico a ser aplicado ao conflito. O mediador adotará técnicas em consonância com o modelo de abordagem que pretende trabalhar.

Costuma-se apontar que o método de mediação de conflitos surgiu no curso de Direito da Universidade de Harvard, sendo originariamente pensado para fins de negócios, com o fito de formação de acordos. A par do método de Harvard, voltados para o mundo corporativista, surgiram diversos outros modelos de mediação, como o *tradicional, circular narrativo, transformativo, interdisciplinar* e *waratiano*.

Na Escola Tradicional de Harvard (The Program on Negotiation at Harvard Law School – PON), a mediação é caracterizada como negociação assistida, em que o mediador é o facilitador de uma comunicação pensada de forma linear, em um método pragmático de resolução de conflitos sobre uma relação de causa e efeito.

Os cofundadores dessa perspectiva, William Ury e Roger Fisher, desenvolveram um método prático para negociar acordos amigáveis intitulado "negociação baseada em princípios" para substituir aquele baseado nas posições das partes. O papel do mediador, neste caso, é estimular o diálogo (FISHER; PATTON; URY, 2005, p. 15).

Por ser uma mediação baseada nos méritos, as partes são estimuladas a procurar benefícios recíprocos, sempre que puderem, e, no caso de haver conflitos de interesses, optar por um resultado com padrões razoáveis para ambas as partes (FISHER; PATTON; URY, 2005, p. 16).

Há, portanto, um foco maior dessa escola na obtenção do acordo, sem se preocupar com o viés educativo de transformação das pessoas envolvidas.

Sob uma outra perspectiva, influenciado pela psicologia, surge o *modelo circular narrativo*, de abordagem sistêmica, tendo como referencial representativo a norte-americana Sara Cobb, em um viés bastante utilizado na seara da família.

As pessoas, o conflito e as histórias trazidas por cada um formam um conjunto que deve ser considerado no processo de mediação, que concede atenção à teoria da comunicação.

Assim, busca desconstruir velhas narrativas dos envolvidos no conflito, dando oportunidade para que novas possam ser construídas, de forma a ensejar a transformação do conflito e, possivelmente, trilhar um acordo (COBB e RIFKIN, 1991, p. 50-51).

A linha circular-narrativa foge da noção reducionista de causa e efeito e considera inúmeros fatores que se retroalimentam (causalidade circular). Está mais focada na transformação das pessoas do que na busca do acordo final. Apoia-se na teoria dos sistemas e no construcionismo social, mas não tem caráter terapêutico (MUSZKAT, 2008, p. 67-68).

Já o *modelo transformativo* tem como precursores Joseph Folger e Robert Bush, a partir da publicação do livro *The Promise of Mediation*, em que se vislumbra o conflito como uma oportunidade de crescimento moral e pessoal, possibilitando a transformação das relações humanas.

Nesse modelo de mediação, há dois conceitos básicos: a revalorização e o reconhecimento. A revalorização (*empowerment*) consiste em afiançar a fortaleza do indivíduo para que esteja mais capacitado e tenha mais possibilidade de triunfo ao enfrentar qualquer circunstância que lhe seja adversa. O reconhecimento (*recognition*) prepara o indivíduo para experimentar a preocupação pelos outros, especialmente por aqueles que apresentam interesses distintos dos seus (BUSH e FOLGER, 2005, p. 129).

Saliente-se, ainda, o *modelo interdisciplinar* do advogado Daniel Bustelo Eliçabe-Uriol, que prega um procedimento de mediação realizado por uma equipe interdisciplinar por meio do encaminhamento dos casos. A crítica que pode ser feita a este modelo, a nosso ver, é no sentido de que não aprova a mediação para situações de violência, nem se ocupa da mediação familiar, de sorte a proporcionar uma melhoria na convivência entre as partes, posto que julga que essas situações sejam mais próprias ao campo da terapêutica.

Ademais, importa ressaltar o *modelo waratiano* da "terapia do reencontro do amor", que propõe a mediação como a "terapia do amor mediado" (TAM), possibilitando que as pessoas compreendam o conflito com maior serenidade, de maneira a retirar a carga de energia negativa que impede a administração criativa.

A propósito, Carlos Eduardo de Vasconcelos (2012, p. 43) classifica em *modelos direcionados ao acordo (mediação avaliativa ou conciliação)* – apropriada para relações casuais em que não prevalece o interesse comum de manter um relacionamento – ou *modelos voltados ao relacionamento (circular-narrativo e transformativo)*, que priorizam a transformação do padrão relacional, por meio da comunicação, da apropriação, do reconhecimento e/ou da recontextualização.

Valendo-se da supramencionada distinção entre conciliação e mediação, que encontrou amparo legal na normatização jurídica brasileira, acreditamos somente podermos pensar em *mediação voltada ao relacionamento*, por meio de um viés *interdisciplinar* – o qual vem sendo cada vez mais valorizado por ser instrumento potente para efetiva resolução do conflito e pacificação social – posto que as dissidências sempre envolvem questões psicossociais.

Em outros termos, embasada no paradigma contemporâneo da interdisciplinaridade, a mediação de conflitos, em vez de trabalhar com verdades absolutas, tem em vista a complexidade dos fenômenos interpessoais, permitindo ampliar sua aplicação em diversos campos das relações humanas.

É por isso que se diz ser cabível a adoção da mediação para qualquer tipo de conflito: comunitário, ecológico, empresarial, escolar, familiar, penal, direito do consumidor, trabalhistas, políticos, de criança e adolescente em situação de risco etc. (EGGER, 2008, p. 72-73).

Nesse sentido, imprimindo abrangência ampla, a Lei nº 13.140/15 conceitua mediação como meio de solução de controvérsias entre particulares e no âmbito da administração pública (art. 1º), estabelecendo ser seu possível objeto o conflito que verse sobre direitos disponíveis ou sobre direitos indisponíveis que admitam transação, desde que, neste último caso, seja homologado em juízo, após oitiva do Ministério Público (art. 3º).

Diante do amplo espectro da mediação de conflitos, é fundamental a adoção de paradigmas básicos como: respeitar a autodeterminação das partes; transmitir a ideia de que conflitos fazem parte da vida e podem trazer respostas promissoras, se bem administrados, pois aumentam os níveis de consciência sobre si e sobre o outro (construção da *alteridade*); ressocializar os poderes em jogo; estimular a autonomia e a autodeterminação; desenvolver novas formas de comunicação; promover reparações, cooperação e solidariedade; flexibilizar padrões rígidos de conduta; proporcionar condições para chegar a um acordo e propiciar a criação do maior número possível de alternativas.

Na prática, observa-se a introdução de grupos de pré-mediação de conflitos em atuações judiciais e extrajudiciais, com a finalidade de "empoderar" as partes e estimular noções de *alteridade* (qualidade de ser-com-o-outro – *alter* = outro).

Saliente-se que a *alteridade* pressupõe uma consciência capaz de perceber e tolerar o outro como a si mesmo (diríamos "colocarmo-nos na pele do outro"). É de grande relevo, posto que, para além ou aquém do discurso manifesto (*posição*) expresso inicialmente em um conflito, existe um discurso não expresso, que está no consciente ou inconsciente do próprio indivíduo (*interesse*).

Juan Carlos Vezzulla (2006, p. 76-80) apresenta como princípios da mediação: direcionamento para pessoas e comunidades (e não exclusivamente à materialidade do conflito); autocomposição; ter informação antes de decidir; um novo profissional que não exerça o poder do conhecimento, mas trabalhe para que os participantes se apoderem de seus problemas e trabalhem na sua solução; decisões justas e favoráveis (as bases da autocomposição são a boa fé, o respeito, a cooperação e a responsabilidade); permitir a expressão (escutá-los); imparcialidade ativa; isenção; dar a conhecer o procedimento para que possam participar ativamente; atuar para que os mediandos construam o seu espaço; tratamento com igualdade e sem conceito de culpa; trabalhar para o presente e o futuro, sem castigo, com responsabilidade e reparação; e importância da qualidade do atendimento.

De grande relevo na implementação desses princípios é a atuação do mediador, terceiro neutro e imparcial, na reconstrução da comunicação e relacionamento com a outra parte envolvida no conflito, o que exige sempre funções específicas, com vistas à percepção da diferença entre intervir no conflito e nos sentimentos das partes.

É nesse sentido que Warat (2004, p. 34) afirma que "a mediação não é uma ciência que pode ser explicada, ela é uma arte que tem que ser experimentada". Podemos perceber que caminhamos numa estrada sem volta, ou seja, quanto mais evoluídas as sociedades, mais inteligentes hão de ser seus sujeitos para que encontrem sempre o melhor meio de conviver em harmonia, transformando os relacionamentos e respeitando as tão ricas diferenças.

Em outras palavras, esse mecanismo de solução de conflitos visa, então, fornecer ao mediado a possibilidade de rever os seus padrões de conduta, possibilitando administrar as diferenças que existem entre os seres humanos, de sorte a instalar o diálogo onde ele não existe (MUSZKAT, 2008, p. 62).

Cabe, portanto, ao mediador um papel singular de "ajudar as partes, fazer com que olhem a si mesmas e não ao conflito, como se ele fosse alguma coisa absolutamente exterior a elas mesmas" (WARAT, 2004, p. 58).

Para tanto, o mediador deverá funcionar como: *catalisador* – alguém que, por meio de seu entusiasmo e da crença nas possibilidades de mudança, alenta e guia as partes; *educador* – alguém que fornece novos conhecimentos na área da comunicação, traz as partes para níveis de realidade mais objetivos e concretos e aumenta o repertório das pessoas, facilitando-lhes a abertura para inúmeras possibilidades; *facilitador* – alguém capaz de identificar os interesses em jogo, igualar os níveis de poder e promover o encontro entre as partes; e *tradutor* – alguém que "interpreta" e "traduz" a comunicação, simplificando e explicando o sentido dos discursos, e recuperando suas conotações positivas (MUSZKAT, 2008, p. 90).

Assim, a mediação de conflitos – conduzida por profissionais treinados a partir de um conjunto de técnicas, estratégias e, principalmente, de saberes – busca facilitar o diálogo, por meio da descoberta, pelas partes, de afinidades que lhes permitam afastar diferenças e transformar o conflito em uma relação satisfatória, cuja solução será por elas próprias encontrada (WARAT, 2004, p. 212).

Do ora dito, torna-se latente que a mediação ajuda as partes a desconstruir as posições rígidas sobre as quais suas condutas vinham se apoiando, na direção de promover uma cultura do diálogo.

Como bem acentua Dalai Lama, o diálogo é a única forma inteligente e racional para resolver problemas entre as pessoas e as nações na busca de solução das diferenças de opiniões ou confronto de interesses. É obrigação da sociedade internacional desenvolver a cultura do diálogo e da não violência. Nesse sentido, a Constituição Federal prevê, no art. 4°, a solução pacífica dos conflitos e a cooperação para o progresso da humanidade.

Na mira de trabalhar com o conceito de responsabilidade, a mediação passou a ser aplicada em situações de violência, o que levou a tratar os envolvidos no conflito como protagonistas responsáveis por essa situação, ao invés de rotulá-los como vítimas e agressores, concebendo oportunidades de autodeterminação (liberdade de decisão) e de transformação de conflitos por meio da dinâmica cooperativa.

Assim, a mediação de conflitos vítima-ofensor, como um dos instrumentos de Justiça Restaurativa, tem alcançado expansão, adentrando no campo penal que, a despeito da resistência inicialmente encontrada, ganhou relevo, visto que o método possibilita eficiência preventiva.

Nessa prática, o suposto ofensor e a vítima, voluntariamente, na companhia da comunidade vinculada ao conflito, participam do procedimento da mediação, visando ao restabelecimento do diálogo e objetivando a reparação dos danos, como antecedente da transação penal conduzida pelo Ministério Público, e a restauração das respectivas relações (VASCONCELOS, 2012, p. 44).

Esse mecanismo tem sido especialmente eficaz nos casos em que cabe transação penal, antes do julgamento de infrações de menor potencial ofensivo na justiça criminal comum, e nas situações de infrações cometidas por crianças e adolescentes, ou seja, tanto diante da necessidade de medidas de proteção como de medidas socioeducativas, ambas disciplinadas pelo Estatuto da Criança e Adolescente, e, como veremos a seguir, no âmbito de uma Justiça Restaurativa Especializada da Infância e Juventude.

A par da mediação vítima-ofensor, existem outros métodos e dinâmicas de práticas que visam à Justiça Restaurativa, a serem estudados mais adiante.

Na direção de esclarecer, embora seja objeto da próxima parte deste livro, destaca-se que a Justiça Restaurativa é um procedimento alternativo para tratar o delito, diferente do sistema tradicional de Justiça Criminal centrado na ideia de culpabilidade e punição (o delito gera culpa; o Estado determina o culpado e impõe a punição).

A Justiça Restaurativa envolve ofensor, vítima e comunidade na reparação do dano oriundo da infração legal, buscando uma análise conjunta das causas, dos impactos e das consequências e a promoção da segurança; há, portanto, um duplo papel: reparação e segurança, revelando-se como um percurso de paz e instrumento de emancipação social.

Assim, na Justiça Restaurativa não há culpa e castigo, mas, sim, responsabilidade social e reconhecimento do dano produzido. A partir daí, haverá ações para restaurar vínculo e reparar danos.

Registre-se que a Recomendação do Conselho da Europa nº R (99) 19 disciplinou o uso da mediação em problemas penais como opção flexível, compreensiva, participativa, complementar ou alternativa ao sistema tradicional criminal, deixando aberta a forma de aplicação da Justiça Restaurativa pelos países-membros, bem como o momento em que deve ocorrer e a prática restaurativa a ser seguida.

Portanto, como salienta Carlos Eduardo de Vasconcelos (2012, p. 40), na modernidade vivenciamos o enaltecimento da *mediação de conflitos* e *Justiça Restaurativa*, que vêm sendo desenvolvidas a partir de experiências pioneiras, iniciadas nos anos setenta e oitenta do século XX, em países como Canadá, Austrália, Estados Unidos, Nova Zelândia e França, ampliando espaços para soluções emancipatórias e dialógicas das disputas, dentro e fora dos sistemas estatais de administração de conflitos.

É nessa visão que se fala em *neighbourhood justice* (EUA) ou *giustizia del vicinato* (Itália) – cujo sentido literal é "justiça da vizinhança" –, no sentido de destacar que a Justiça Restaurativa busca gerir o aspecto relacional do conflito, sobretudo com a mediação (SICA, 2007 p. 6-7)

Importante destacar, ainda, com Leonardo Sica (2007 p. 26):

> para que a Justiça Restaurativa e a mediação não sejam meros paliativos para a crise do sistema de justiça, nem entendidas apenas como instrumentos de alívio dos tribunais, de extensão da burocracia judiciária ou de indulgência, devem ser implementadas sobre dois fundamentos bastante claros: *ampliação dos espaços democráticos e construção de novas modalidades de regulação social.*
>
> Sem isso, acredito, em poucos anos o 'novo

modelo' padecerá dos mesmos defeitos apresentados pelo 'velho'.

Do ora dito, extrai-se a importância da implementação dessas formas apropriadas de resolução de conflitos para a pacificação social – posto que se preocupam com a sensibilização das pessoas, possibilitando desenvolver e adquirir as condições imprescindíveis para o aprimoramento das relações sociais e interpessoais. Logo, são mecanismos de conscientização social e promoção da cidadania de todos.

Diante da peculiar metodologia e dinâmica, portanto, os mencionados meios de resolução de conflitos devem ser fomentados e aplicados, em vista da promoção da cidadania, intimamente relacionada à eficácia dos direitos humanos. Assim, ao invés de imputar sentenças (nas quais há as figuras do perdedor e ganhador/ condenado ou absolvido), concede-se às partes em conflito a oportunidade de dialogar para que – ao expor suas necessidades, crenças e expectativas – encontrem soluções e responsabilidades para os conflitos e transformem seus relacionamentos sociais.

PARTE II – JUSTIÇA RESTAURATIVA: APRESENTAÇÃO DE MODELOS DE PRÁTICAS ESPECIALIZADAS

Esta parte do livro tem por objetivo apresentar a Justiça Restaurativa propriamente dita, seus métodos, práticas e objetivos. Em seguida, procura-se analisar a incorporação de tais ideias e metodologias na Justiça Especializada da Infância e Juventude em matéria infracional. Dessa combinação surge a Justiça Juvenil Restaurativa como um campo a ser estudado, definido e mais bem implementado. Com esse intuito de fomentar a implementação da Justiça Juvenil Restaurativa nas práticas realizadas pela Justiça, pelo Sistema de Garantia de Direitos e pelo Sistema de Atendimento Socioeducativo, descrevemos os enfoques, objetivos e modelos dessa Justiça.

CAPÍTULO 3 - JUSTIÇA RESTAURATIVA

3.1 Algumas ideias sobre Justiça

Uma abordagem contemporânea da ideia de Justiça não pode passar à margem do pensamento e obra de Amartya Sen – Prêmio Nobel de Economia em 1998. Logo no prefácio de seu livro *A ideia de Justiça* consta uma citação de Charles Dickens por demais interessante: "não há nada que seja percebido e sentido tão precisamente quanto a injustiça".

Tal afirmação pode servir, dentre outras possibilidades, para abordar o sentimento de justiça ou injustiça que a experiência com o Sistema de Justiça possa ocasionar. Pode, portanto, servir para ilustrar a satisfação ou insatisfação gerada pela expectativa de mediação realizada pelo Poder Judiciário em face de um determinado conflito.

Para além de uma perspectiva individualista desse sentimento, pode-se também refletir sobre as injustiças vivenciadas em interação social e comunitária, as quais, de modo geral, todos pretendemos minimizar ou eliminar. Frente a tal desafio, cabem estratégias, ainda que locais, mas com potencialidades ampliadas de constituir-se em caminhos de emancipação e transformação.

Para Amartya Sen,

> o que nos move, com muita sensatez, não é a compreensão de que o mundo é privado de uma justiça completa – coisa que poucos de nós esperamos –, mas a de que à nossa volta existem injustiças claramente remediáveis que queremos eliminar. (SEN, 2011.p 09)

Ora, são, por assim dizer, as pequenas injustiças as que estão mais imediatamente ao nosso alcance em termos de superação. Assim, as injustiças que possam ocorrer na comunidade, na escola e até mesmo na família podem ser trabalhadas a partir de uma perspectiva mais participativa das pessoas envolvidas. Certo é que, quaisquer que sejam os pontos de partida e chegada pretendidos, a justiça é uma ideia de imensa importância que moveu as pessoas no passado e continuará a movê-las no futuro.

Desde uma concepção mais prática, um sistema de Justiça Pública pode ser compreendido como resultado da racionalização e diferenciação das funções do Estado. Assim sendo, tanto o Direito como a Justiça surgem e se consolidam como instrumentos direcionados à regulação social e à resolução de conflitos, tarefas estas público-estatais no âmbito de um Estado tripartido.

A imagem do Estado tripartido, ou estruturado a partir de uma tripartição de poderes, surgiu séculos atrás na obra de Montesquieu, O *espírito das leis*, quando este autor cuidou das formas de governo e identificou na separação dos poderes uma das vias de cessar o poder despótico. Dizia o referido autor:

> Em cada Estado há três espécies de poderes: o Legislativo; o Executivo das coisas que dependem do Direito das Gentes; e o Executivo das que dependem do Direito Civil. Pelo primeiro, o Príncipe ou o Magistrado faz leis para algum tempo ou para sempre, e corrige ou ab-roga as que estão feitas. Pelo segundo, ele faz a paz ou a guerra, envia ou recebe embaixadas, estabelece a segurança, previne as invasões. Pelo terceiro, pune os crimes, ou julga as demandas dos particulares. A este último chamar-se-á Poder de Julgar. (MONTESQUIEU, 1996)

Esta lição cunhou a ideia de que em um determinado Estado

deve haver três tipos de poderes: um para elaborar leis, outro para executar as leis e outro para julgar os crimes e litígios entre particulares. Trazendo-a para os dias atuais, e o exemplo de nossa república democrática, temos os tão conhecidos três Poderes: Legislativo, Executivo e Judiciário.

A chamada Teoria da separação dos poderes de Montesquieu pode ser compreendida segundo os seguintes elementos:

> Quando, na mesma pessoa ou no mesmo corpo de Magistratura, o Poder Legislativo é reunido ao Executivo, não há liberdade. Porque pode temer-se que o mesmo Monarca ou o mesmo Senado faça leis tirânicas para executá-las tiranicamente. Também não haverá liberdade se o Poder de Julgar não estiver separado do Legislativo e do Executivo. Se estivesse junto com o Legislativo, o poder sobre a vida e a liberdade dos cidadãos seria arbitrário: pois o Juiz seria Legislador. Se estivesse junto com o Executivo, o Juiz poderia ter a força de um opressor. (MONTESQUIEU, 1996. p. 163)

Conforme ensina Maria Tereza Sadek, o Poder Judiciário de modo geral, e assim também o Judiciário brasileiro, tem duas faces: uma, de poder de Estado, e outra de instituição prestadora de serviços. Como tal, a instituição possui atribuição de um serviço público encarregado da prestação jurisdicional, arbitrando conflitos, garantindo direitos (SADEK, 2004).

De outro lado, a Constituição de 1988 consagrou, ao lado do modelo presidencialista, o princípio da separação e independência entre os poderes.

O que importa por ora é reconhecer que, na nossa tradição estatal e jurídica, reservou-se ao Sistema de Justiça a chamada prestação jurisdicional como mecanismo de promoção da própria justiça e de equilíbrio dos poderes no âmbito do Estado.

Se adotarmos uma abordagem mais tradicional, iremos considerar o fenômeno jurídico a partir de três características fundamentais: a positividade (traduzida pela necessidade de um direito estatuído que expressa a vontade do legislador soberano); a legalidade (como critério de adequação que afasta a motivação ética ou moral da discussão jurídica); e o formalismo (apreço à forma e ao espaço de regulação formal: tudo o que não está proibido está permitido).

Em sentido inverso, uma visão ampla e crítica admite que o Direito reúne toda a normatividade a que os cidadãos e empresas fazem apelo na regulação de sua atividade ou na resolução de seus conflitos. Neste sentido, normas do Direito podem ter origem no Estado ou ser por ele reconhecidas. Logo, o Direito é muito mais amplo que as leis em vigor.

Com efeito, a construção de um sistema de justiça eficiente, de qualidade e democrático depende não só do Direito oficial, mas também da capacidade que os poderes – político e judicial – tiverem para definir e executar uma agenda estratégica capaz de mudar a face da justiça que corresponda às exigências cidadãs.

Há grande convergência em torno do momento crítico que atravessamos na sociedade global contemporânea. Para autores como Boaventura de Sousa Santos, somente uma ecologia de saberes que possibilite outros modos de pensar a sociedade e habitar o mundo pode oferecer uma resposta satisfatória à crise. A coexistência de saberes diferentes em diálogo é o pressuposto. É do confronto, da articulação, da discussão, das diversas formas de negociação, que podem nascer formas de conhecer, partilhar e desenvolver experiências que permitem vislumbrar um outro mundo para além da crise (NUNES, 2012).

Evidentemente, essas aspirações também alcançam o campo da Justiça e do Direito, exigindo uma abertura e ampliação de suas práticas e dinâmicas tradicionais. Isto porque, historicamente, o Direito e a Justiça vêm sendo criados e aplicados por um corpo de especialistas, os juristas. Tal especialização parece criar uma barreira para a compreensão e participação dos envolvidos.

Na medida em que o Direito vai se tornando independente de outras esferas de valor, parece não corresponder a certos grupos sociais, às necessidades de reparação e pacificação social.

Dentre as estratégias de enfrentamento dessa espécie de crise de legitimidade que afeta a Justiça, está a adoção de práticas judiciais mais compreensíveis ao cidadão comum e menos dominadas pelos rituais e saberes técnicos dos juristas. Trata-se do que vem sendo denominado de informalização da Justiça.

Explica Jacqueline Sinhoretto que esse tipo de resposta ocorre geralmente no interior da ordem legal, pressionando o sistema a trabalhar no limite entre o formal e os modelos alternativos de pacificação, pedindo em muitas vezes um turvamento das fronteiras entre a esfera estatal e a sociedade civil. Via de regra, as iniciativas de informalização da Justiça são tentativas de ampliar as chances de canalizar a resolução de conflitos para a esfera pública (SINHORETTO, 2002, p.68).

Na perspectiva adotada neste livro, a Justiça Restaurativa insere-se justamente no limiar entre práticas de informalização da Justiça e de desjudicialização propriamente ditas, como procuraremos aprofundar. E, sobretudo, situa-se no âmbito das exigências de reparação e pacificação social e da ecologia de saberes defendida por Boaventura, exigindo a articulação e a integração de distintos saberes, áreas do conhecimento e abordagens.

Exige, portanto, uma dimensão interdisciplinar que, conforme já trabalhamos, constitui-se na base da Justiça Restaurativa. Coincide com a expressão de Zehr (2008) de trocar as lentes para olhar o fenômeno do delito e a própria produção da justiça.

3.2 Em busca de um Conceito de Justiça Restaurativa

Se há alguma unanimidade em matéria de Justiça Restaurativa, é a de que não há uma conceituação fixa, única e inequívoca. Contudo, os múltiplos conceitos e definições já formulados para a Justiça Restaurativa apresentam alguns denominadores comuns. A Justiça Restaurativa pode ser compreendida como o termo que vem sendo utilizado para designar e descrever todos os processos e práticas que buscam desenvolver uma abordagem diferenciada para a resolução de conflitos. Particularmente, sua atenção é direcionada aos procedimentos e processos realizados, e não exclusivamente aos resultados.

Uma conhecida definição atribuída a Tony Marshall é a de ser "a Justiça Restaurativa um processo através do qual todas as partes interessadas em um crime específico se reúnem para solucionar coletivamente como lidar com o resultado do crime e suas implicações para o futuro" (FROESTAD e SHEARING, 2005, p. 79-80 *apud* KONZEN, 2007, p. 78).

Na mesma toada, Paul McCold e Ted Wachtel a definem como

> [...] um processo colaborativo que envolve aqueles afetados mais diretamente por um crime, chamados de 'partes interessadas principais', para determinar qual a melhor forma

de reparar o dano causado pela transgressão. (2003 *apud* KONZEN, 2007, p. 79)

Como esclarece entre nós Afonso Armando Konzen, a Justiça Restaurativa funda-se

"na idéia de um outro olhar sobre os fatos sociais em que se instalam as situações de conflituosidade, um olhar ainda concentrado nos sujeitos da relação em conflito" (KONZEN, 2007, p. 80).

Segundo um dos principais autores sobre o tema, Howard Zehr (2008, p. 191), "a justiça precisa ser vivida, e não simplesmente realizada por outros e notificada a nós". Para ele, a participação direta na solução de um conflito é uma das formas de se transmitir a sensação de justiça para as partes envolvidas (ZEHR, 2008, p. 191).

Ainda com relação a uma possível conceituação, a definição que tem sido considerada mais abrangente, até porque contemplada com a chancela da Organização das Nações Unidas (ONU), é a constante da Resolução 2002/12, emitida pelo seu Conselho Econômico e Social (ECOSOC), na qual foram descritos os princípios básicos para a implementação de programas de Justiça Restaurativa em matéria criminal.

É importante observar que ECOSOC definiu como programa de Justiça Restaurativa todo programa que se valha de processos restaurativos para atingir resultados restaurativos.

Processos restaurativos seriam aqueles nos quais vítimas, ofensores e, quando apropriado, outros indivíduos ou membros da comunidade afetados pelo crime participam juntos e ativamente na resolução das questões ocasionadas ou evidenciadas pelo crime, geralmente com a ajuda de um facilitador, uma terceira pessoa neutra, cuja tarefa é facilitar a abertura de uma via de comunicação entre as partes.

São mencionados como exemplos de processos restaurativos a mediação, a conciliação, as conferências e os círculos de sentença.

Já os resultados restaurativos, por sua vez, seriam os acordos resultantes dos processos restaurativos, que podem incluir a reparação do dano, a restituição de algum bem e a prestação de serviços à comunidade, sempre com o fim de atender às necessidades individuais e coletivas de todas as partes, bem como de demarcar as suas responsabilidades, visando à reintegração da vítima e do ofensor.

Observa-se, portanto, que o ECOSOC, por meio da referida Resolução 2002/12, elaborou uma lista de princípios básicos que trazem importantes orientações acerca da implementação da Justiça Restaurativa para os Estados que queiram utilizá-la.

Esses princípios funcionam como referência internacional no âmbito da regulamentação da Justiça Restaurativa e de suas práticas, e objetivam orientar sua utilização em casos criminais, por meio do desenvolvimento de programas que viabilizem a consecução de processos e resultados restaurativos.

Em síntese, como vimos, a Resolução 2002/12 da ONU define três princípios fundamentais: o programa restaurativo, o processo restaurativo e o resultado restaurativo. O programa restaurativo é qualquer programa que utilize processos restaurativos buscando um resultado restaurativo. O processo restaurativo se dá pelo encontro entre vítima, infrator e, quando apropriado, outras pessoas ou membros da comunidade, tentando solucionar as controvérsias decorrentes de um crime, orientados geralmente por um facilitador; e abrange a mediação, a conciliação, audiências e círculos de sentença. O resultado restaurativo é o acordo alcançado durante esse encontro (processo restaurativo), que inclui responsabilidades para o autor do ato delitivo, como reparação, restituição, prestação de serviços comunitários, intentando satisfazer as necessidades individuais e coletivas das partes e almejando a reintegração social da vítima e do infrator.

Sobressai desta forma a importância da Resolução 2002/12 da ONU para a estruturação da Justiça Restaurativa em todo o mundo. Seus princípios são delimitadores mínimos e apontam como sendo mais importante, para a efetiva compreensão da Justiça Restaurativa, deslocar o foco da análise da sua conceituação para os fins a que ela se propõe.

Ao pensar sobre isto, naturalmente, as necessidades das partes envolvidas no conflito passam a ocupar um lugar central e determinante. Muito por isso, Zehr (2008) apresenta um conjunto de objetivos que devem ser alcançados pela Justiça Restaurativa. Utiliza a ideia de necessidades imediatas, decorrentes do conflito, e por isso o ponto de vista da vítima passa a possuir central importância. Em seguida, devem ser identificadas as necessidades mais amplas.

O relacionamento entre vítima e ofensor passa a ser focalizado em busca de envolver as partes diretamente afetadas: a vítima e o ofensor, e complementarmente também a comunidade. Esse procedimento vem a caracterizar a Justiça Restaurativa quando, por meio de um procedimento informal com a presença da vítima, do ofensor e de outros participantes envolvidos, busca-se alcançar um acordo acerca de como o dano pode ser reparado e prevenido no futuro.

Consequentemente, podemos identificar duas grandes finalidades atribuíveis à Justiça Restaurativa: uma institucional e outra político-criminal.

Assumindo uma finalidade institucional, a Justiça Restaurativa é encarada como instrumento de aperfeiçoamento do funcionamento do aparato judicial. Nesse sentido, é uma opção, entre as diversas formas possíveis de se responder à prática de um crime, que, por conta das vantagens que apresenta em relação ao esquema tradicional, representa um aprimoramento institucional dos órgãos estatais na tarefa de persecução do crime e do ato infracional.

Essas vantagens podem ter naturezas várias, significando, às vezes, um acréscimo de eficiência e, outras vezes, uma maior dose de humanidade à Justiça Penal. A concepção da Justiça Restaurativa como um mecanismo que adiciona eficiência à missão de coibição do crime é vista, por exemplo, na obra do teórico John Braithwaite, para quem a Justiça Restaurativa figura como um meio menos dispendioso de reação ao crime, já que, quando exitosa, substitui outras medidas mais custosas e que, além disso, costuma ser aceita como mais legítima pelo autor, estimulando um maior respeito à lei, pois permite a sua participação (BRAITHWAITE, 2002).

Já para Howard Zehr, seria um mecanismo destinado a introjetar valores mais humanitários no sistema de justiça (ZEHR, 1995). De qualquer forma, essas e outras visões identificam-se por conferir à Justiça Restaurativa uma função institucional de aparar as arestas, ainda que sob perspectivas diversas, do aparato de persecução infracional e criminal.

A finalidade político-criminal, por sua vez, está ancorada na ideia de que a Justiça Restaurativa representa uma ferramenta valiosa de intervenção social, voltada não ao aprimoramento das instituições de controle do crime, mas de alteração, de maneira mais ampla, do tratamento reservado ao fenômeno criminal. Nesse sentido, a Justiça Restaurativa não significa a reformulação dos órgãos responsáveis pela persecução penal, mas da intervenção penal como um todo, servindo como instrumento de implementação da política criminal buscada, num dado contexto social.

Como se sabe, a política criminal de um Estado pode assumir feições das mais variadas, desde as mais repressivas até as mais complacentes, mas todas, indistintamente, necessitam de mecanismos pelos quais possam se efetivar, e a Justiça Restaurativa pode exercer esse papel.

Costuma-se reunir as tendências político-criminais em três grupos, distinguindo-se uma linha conservadora, que prima pelo recrudescimento da intervenção penal, uma linha moderada, cujo objetivo é fazer ajustes no sistema penal de modo a evitar excessos punitivos, e uma linha radical, cuja meta é, em última instância, a abolição do próprio sistema penal.

Uma proposta tal como a Justiça Restaurativa somente é consentânea com as duas últimas tendências, quais sejam, a moderada e a radical, eis que é – ou, pelo menos em princípio, deve ser – incompatível com um incremento repressivo do sistema penal, pois o aumento da intervenção estatal pode atingir um ponto de centralização capaz de sufocar qualquer possibilidade de participação da sociedade na solução dos problemas levantados pelo crime, possibilidade essa que é constitutiva da própria noção de Justiça Restaurativa.

A adoção de mecanismos restaurativos de Justiça, sob essa perspectiva, implica, obviamente, grandes alterações do sistema de justiça tradicional. Como é de se ver, conforme a perspectiva de estabelecer uma cultura de paz e a emancipação social no planeta, buscam-se profundas transformações no sistema de justiça, entre as quais na justiça penal tradicional (justiça retributiva-punitiva), com vistas a fazer frente à falência desse sistema, demonstrada pelo crescente índice de práticas criminosas e número cada vez maior de sistemas carcerários que apresentam superlotação sistemática.

A partir da desconstrução da visão do ofensor em uma "imagem encarnada do mal", a Justiça Restaurativa apresenta diversos modelos de práticas visando "reparar o dano"[6] mediante um procedimento no qual um facilitador aproxima os atores centrais – que são vítima(s), infrator(es) e comunidade afetada – para um diálogo voltado para solução dos problemas e decisão das consequências do ato ilícito.

São, assim, maiores as possibilidades de uma efetiva satisfação da vítima e do infrator; uma menor reincidência (diante da conscientização desenvolvida nesse procedimento), trazendo benefícios para comunidade; e maior eficácia e celeridade na solução. O favorecimento do maior protagonismo das partes no sistema de responsabilidade frente ao delito é fator que permite respeitar no futuro as normas jurídicas e eliminar ou minimizar para a vítima o temor de novas violações.

Como diz Achutti (2000), em sua obra *Justiça Restaurativa e Abolicionismo Penal*, em um contexto de administração participati-

---

[6] Ao se estabelecer que está em jogo um conflito – e não apenas um delito (infração à norma legal) –, busca-se reparar o dano a uma pessoa, reduzindo a importância do fato delituoso, como fato típico, ilícito e culpável que merece a reprimenda estatal por preencher integralmente estes elementos.

va dos conflitos, a abordagem do agir criminoso pode deixar de isolar o sujeito-infrator dos demais integrantes do cenário social e, assim, permitir que não seja responsabilizado exclusivamente como "culpado" pelo fato delituoso. Registra que não se pretende desvincular uma ação de seu autor, mas apenas ampliar a abordagem, de forma a tentar compreender a situação problemática como algo maior e mais complexo do que apenas uma conduta humana livre e consciente direcionada a determinado fim.

Esse autor, ainda, amparado em Antoine Garapon, destaca que a Justiça Restaurativa não se funda nem exclusivamente no ato delitivo (violação da lei – modelo retributivo), nem na pessoa do autor, mas no evento do encontro entre as pessoas, como forma de abertura para novas perspectivas e olhares.

Assim, a ideia central da Justiça Restaurativa está na pretensão de fornecer aos principais interessados – vítima, autor e grupo social diretamente afetados pelo delito – os meios suficientes para compreender e lidar com a infração, possibilitando a construção de respostas, aptas a contemplar a complexidade que cada caso carrega consigo, e que permitam pensar a questão para além do anacrônico modelo causal do crime-sanção.

Os exemplos de práticas mais comuns são a mediação vítima-ofensor, e as conferências que abrangem também a participação ampliada de outros sujeitos. De modo geral, tais práticas vêm sendo disseminadas na perspectiva de resolver os conflitos existentes mediante processos restaurativos principalmente nas famílias, comunidades, vizinhanças, escolas, empresas e disputas de natureza civil. Contudo, não deixa de ser central a importância no contexto da Justiça Juvenil, ou como mencionamos no Brasil, da Justiça Especializada da Infância e Juventude.

Tomando por referência os escritos dos autores Marshall, Boyack e Bowen (2005), apresentamos um breve resumo dos principais valores restaurativos:

a) Participação – dos mais afetados pelo crime (vítimas, infratores e suas comunidades de interesse), sendo estes os principais tomadores de decisões;

b) Respeito – De todos os seres humanos, uns pelos outros, independente de raça, cultura, religião, poder econômico, idade, gênero e orientação sexual;

c) Honestidade – Na fala e nos sentimentos decorrentes do fato criminoso;

d) Humildade – Para reconhecer a fragilidade e vulnerabilidade do ser humano;

e) Interconexão – Dos laços que envolvem o relacionamento da vítima, infrator e comunidade;

f) Responsabilidade – Em assumir os riscos decorrentes de uma transgressão e criar meios para reparar os danos causados por sua conduta (infrator);

g) Empoderamento – Das partes, para livre manifestação de suas vontades e satisfação de seus interesses;

h) Esperança – Da cura das vítimas, da mudança dos infratores e da maior civilidade da sociedade.

E, no intuito de finalizar este item da conceituação e delimitação da Justiça Restaurativa, transcrevemos abaixo algumas definições importantes sobre Justiça Restaurativa que foram retiradas do *site* Justiça 21 (www.justica21.org.br), que procedeu a tal sistematização:

- O crime é fundamentalmente uma violação de pessoas e relações interpessoais.
- As violações criam obrigações e responsabilidades.
- A Justiça Restaurativa busca curar e corrigir as injustiças.
- As vítimas e a comunidade foram prejudicadas e necessitam de restauração.
- As vítimas primárias são as afetadas mais diretamente pela ofensa, mas as outras, como os membros da família das vítimas e dos ofensores, as testemunhas e os membros da comunidade afetada, também são vítimas.
- Os relacionamentos afetados (e refletidos) pelo crime devem ser abordados.
- As vítimas, os ofensores e as comunidades afetadas são os interessados fundamentais na justiça.
- Um processo de Justiça Restaurativa maximiza a contribuição e participação destas partes – mas especialmente das vítimas primárias, assim como dos ofensores – na busca de restauração, cura, responsabilidade e prevenção.
- Os papéis dessas partes variarão de acordo com a natureza da ofensa, assim como das capacidades e preferências das partes.
- O Estado circunscreveu papéis, como investigar fatos, facilitar processos e assegurar a segurança, mas o Estado não é uma vítima primária.
- A obrigação dos ofensores é fazer corrigir as coisas tanto quanto seja possível
- Como a obrigação primária é com as vítimas, um processo de

Justiça Restaurativa dá poder a elas para participar efetivamente na definição de obrigações.

- Os ofensores têm oportunidades e encorajamento para entender o dano que causaram às vítimas e à comunidade, asim como para desenvolver planos para assumir a devida responsabilidade.

- A participação voluntária de ofensores é maximizada; são minimizadas a coesão e a exclusão. Porém, pode-se exigir que os ofensores aceitem suas obrigações, se eles não o fizerem voluntariamente.

- As obrigações que advêm do dano infligido pelo crime devem estar relacionadas a deixar as coisas certas.

- As obrigações podem ser experimentadas como difíceis, até mesmo dolorosas, mas não têm a intenção de corresponder a dor ou vingança.

- As obrigações para com as vítimas, como restituição, são prioritárias sobre outras sanções e obrigações para com o Estado, como multas.

- Os ofensores têm uma obrigação de serem participantes ativos na abordagem de suas próprias necessidades.

- As obrigações da comunidade são para com as vítimas e os ofensores e para o bem-estar geral de seus membros.

- A comunidade tem uma responsabilidade de apoiar e ajudar as vítimas de crime a satisfazer suas necessidades.

- A comunidade tem uma responsabilidade pelo bem-estar de seus membros e pelas condições sociais que promovem tanto o crime como a paz na comunidade.

- A comunidade tem responsabilidades de apoiar os esforços para integrar os ofensores na comunidade, de estar envolvida ativamente nas definições das obrigações do ofensor e de assegurar oportunidades para que os ofensores façam indenizações.

- As necessidades das vítimas de informações, validação, vindicação, restituição, testemunho, segurança e apoio são o pontos de partida da justiça.

- A segurança das vítimas é uma prioridade imediata.

- As vítimas recebem poder ao se maximizar sua contribuição e participação na determinação das necessidades e resultados.

- Os ofensores estão envolvidos em reparar o dano na medida do possível.

- O processo de justiça maximiza as oportunidades para troca de informações, participação, diálogo e consentimento mútuo entre a vítima e o ofensor.

- Os encontros cara a cara são apropriados para algumas situações, enquanto formas alternativas de troca são mais apropriadas em outras.

- As vítimas têm o papel principal na definição e condução dos termos e condições da troca.

- O acordo mútuo leva precedência sobre os resultados impostos.

- São dadas oportunidades para o remorso, o perdão e a reconciliação.

- São abordadas as necessidades e competências dos ofensores.

- Reconhecendo que os próprios ofensores foram prejudicados frequentemente, a cura e a integração dos ofensores na comunidade são enfatizadas.

- Os ofensores são apoiados e tratados respeitosamente no processo de justiça.
- A justiça valoriza as trocas pessoais sobre o comportamento complacente.
- O processo de justiça pertence à comunidade.
- Os membros da comunidade estão ativamente envolvidos em fazer justiça.
- O processo de justiça faz uso dos recursos da comunidade e, em troca, contribui para a construção e o fortalecimento da comunidade.
- O processo de justiça tenta promover mudanças na comunidade para impedir que danos semelhantes aconteçam a outros.

3.3 Antecedentes da Justiça Restaurativa

Pode-se dizer que as práticas de Justiça Restaurativa são atuações sociais que remontam à Antiguidade; já havia previsão no Código de Hamurabi (1700 A.C.), que prescrevia medidas de restituição para os crimes contra os bens. Todavia, na forma como vivenciados atualmente, os modelos de Justiça Restaurativa são considerados concepções do último século, ou uma redescoberta das práticas de justiça.

Fala-se em redescoberta porque a Justiça Restaurativa é derivada de formas antigas de justiça comunitária e se baseia em conceitos ancestrais, tais como a cura, a reconciliação, o perdão e o respeito mútuo.

Conforme relata Zehr, em 1974, dois jovens da província de Elmira, localizada em Ontario (Canadá), foram acusados de praticar atos de vandalismo contra vinte e duas propriedades privadas. Esse caso, que foi amplamente divulgado na região, chegou ao conhecimento de Mark Yantzi e Dave Worth – membros do Comitê Central Menonita da cidade de Kitchener (também em Ontario), que buscava soluções alternativas para pequenos delitos. Eles propuseram ao juiz do caso que fizesse um encontro entre os dois jovens e suas vítimas, o que foi determinado pelo juiz quando do proferimento da sentença, tendo como resultado um acordo de restituição e o ressarcimento de todos os danos após alguns meses (ZEHR, 1995, p. 158-159).

A partir dessa experiência e da vivência de práticas de solução de conflitos indígenas, outros programas de reconciliação entre vítima e ofensor (chamados VORPs – *Victim Offenders Reconciliation Programmes*) foram estruturados no Canadá. Em 1977, o psicólogo Albert Eglash cunhou a expressão "Justiça Restaurativa" no texto "Beyond Restitution: Creative Restitution", fundado na ideia de restituição criativa, sugerindo que o estímulo ao ofensor a pedir perdão pelos seus atos poderia ser um mecanismo apto a promover a sua reabilitação.

Na Nova Zelândia, em 1989, os lineamentos da Justiça Restaurativa ganharam dimensão significativa com a promulgação do *Children, Young Persons and Their Families Act*, que reformulou o sistema de justiça da infância e da juventude, posto que os atos infracionais cometidos por crianças e adolescentes passaram a ser solucionados informalmente pela polícia – inclusive por meio da realização, em alguns casos, de *Family Group Conferences* (FGC), nas quais o infrator, na presença de sua família, busca uma conciliação com a vítima –, de modo que somente excepcionalmente os casos eram encaminhados para o juízo comum. O sucesso dessa reforma levou o governo neozelandês a fomentá-la, a partir de 1995, também no sistema de justiça criminal adulto.

Também de relevo no desenvolvimento da Justiça Restaurativa foi o lançamento, em 1990, da obra de Howard Zehr com o título original *Changing lenses: a new focus for crime and justice*. Já indicada para leitura no item anterior, a obra tem certa influência religiosa que se ancora na ideia bíblica de *all rightness* expressa na saudação hebraica *shalom*, que significa saúde, humildade, amor, liberdade, obediência e misericórdia.

Nesse livro, Zehr, embasado na visão de que fazer justiça é um meio de "corrigir situações consideradas erradas" – *make things right* (ZEHR, 1995, p. 130) –, sugere que o crime seja encarado não mais como uma infração estatal, mas como um acontecimento que abala relações sociais e causa prejuízos a indivíduos e à comunidade; assim, defende uma mudança na resposta ao crime, trocando a punição pela busca da restauração das relações afetadas pelo crime e reparação dos danos causados.

No Canadá, em 2001, um grupo denominado "Grupo de Ottawa" de dezoito peritos (*experts*) e oito observadores preparou a "Declaração de Princípios Básicos de Justiça Restaurativa", na qual procurou padronizar alguns argumentos sobre Justiça Restaurativa sem se apegar a definições muito rígidas nem impor caráter obrigatório ao seu teor. Esse documento foi encaminhado para o Conselho Econômico e Social das Nações Unidas (ECOSOC), dando ensejo, em 2002, a uma de suas resoluções, "Basic Principles on the use of restorative justice programmes in criminal matters", que será objeto de análise nas próximas linhas.

Em termos nacionais, precisamente é na prática restaurativa de mediação vítima-ofensor que se consolida o nascedouro da Justiça Restaurativa no Brasil, nos idos dos anos 1970, ampliando-se para outras práticas, incluindo, também, a participação das comunidades afetadas, das famílias e dos amigos das vítimas e dos agressores, em processo colaborativo e solidário. Conforme relata Benedetti em seu trabalho de dissertação, as primeiras práticas restaurativas se iniciaram, ainda que timidamente, nas escolas, como estratégia para a solução de problemas disciplinares (BENEDETTI, 2009, p. 53).

Em seguida, no ano de 1998, no âmbito do Projeto Jundiaí, uma pesquisa prévia buscou "identificar mecanismos efetivos de prevenção da violência em escolas públicas" e, posteriormente, foram incorporadas câmaras restaurativas para a resolução de conflitos no ambiente escolar (SCURO NETO, 2008, p. 163-184 *apud* BENEDETTI, 2009, p. 53)

Contudo, é de se reconhecer que a implementação da Justiça Restaurativa no sistema brasileiro foi fortemente impulsionada pelo Ministério da Justiça a partir da criação, em 2003, da Secretaria da Reforma do Judiciário.

Se recordamos alguns temas já trabalhados, identificamos a coincidência com a chamada terceira onda de acesso à Justiça, trazida por Mauro Cappelletti e Bryant Garth, já mencionada, em que se visualiza a tensão existente entre as mudanças quantitativas e qualitativas sofridas pela demanda judiciária nos últimos anos e a insatisfatória capacidade de resposta adequada pelo Poder Judiciário, propondo-se mecanismos processuais adequados para a resolução de conflitos, entre os quais a Justiça Restaurativa.

A Secretaria de Reforma do Judiciário – visando a uma prestação jurisdicional mais célere e de qualidade, inclusive em uma perspectiva democrática, concebendo abertura para a sociedade – incorporou um leque de formas alternativas de resolução de conflitos, prestigiando, especificamente no campo dos conflitos de natureza penal e infracional, a Justiça Restaurativa, destacando-a como instrumento de cultura de paz.

Em 2005, em uma parceria do Ministério da Justiça e do Programa das Nações Unidas para o Desenvolvimento (PNUD), adveio o projeto Promovendo Práticas Restaurativas no Sistema de Justiça Brasileiro, cuja dimensão teórica é revelada na publicação das obras coletivas como *Justiça Restaurativa: coletânea de artigos* e *Novas direções na governança da justiça e da segurança*, cuja leitura recomendamos.

3.4 Distinções entre a Justiça Restaurativa e a Justiça tradicional

Como já pudemos refletir, a dimensão da restauratividade – como discorre Afonso Armando Konzen em sua obra *Justiça Restaurativa e Ato Infracional: Desvelando sentidos no itinerário da Alteridade* – que se traduz pelo envolvimento dos interessados na solução do conflito é a pedra de toque de diferenciação entre a Justiça Restaurativa e a Justiça Pública convencional ou tradicional.

Para os autores que vêm se dedicando a construir algumas bases epistemológicas para a Justiça Restaurativa, é esse envolvimento das partes uma das condições para o sentido de justiça. Implica a necessidade de fala, escuta, trocas, diálogo, construção de canais de expressão, o que, em geral, não tem espaço no sistema de justiça tradicional, fundado na figura do juiz, como decididor.

Antonio Beristain, criminólogo espanhol, faz uma importante diferenciação entre a justiça clássica, a que chamamos de retributiva, e a Justiça Restaurativa, restauradora ou reparadora. O autor elenca 19 postulados diferenciadores, categorizados em A, aqueles relativos à justiça retributiva, e em B, os referentes à Justiça Restaurativa:

1 A) O delito é a infração da norma penal do Estado.
1 B) O delito é a ação que causa dano a outra pessoa.

2 A) A justiça retributiva concentra-se na reprovação, na culpabilidade – olhando para o passado – do que fez o delinquente.
2 B) A Justiça Restaurativa concentra-se na solução do problema, nas responsabilidades e obrigações, olhando para o futuro: o que deverá ser feito?

3) A) É reconhecida uma relação de contrários, de adversários, que vencem e submetem o inimigo, em um processo normativo, legal.
3) B) São estabelecidos um diálogo e uma negociação normativa que imponham ao delinquente uma sanção restauradora.

4) A) O castigo é a consequência (natural) dolorosa, que também ajuda (castigando se defende) ou pretende a prevenção geral e especial.
4) B) A pena é (pretende) a reparação como um meio de restaurar ambas as partes (delinquente e vítima); tem como meta a reparação/reconciliação.

5) A) A administração de justiça se define como um processo "devido", segundo as normas legais.
5) B) A administração de justiça se define como boas relações, avaliando-se as consequências.

6) A) O delito é percebido como um conflito (ataque) do indivíduo contra o Estado. É menosprezada sua dimensão interpessoal e conflitiva.
6) B) O delito é reconhecido como um conflito interpessoal. E se reconhece o valor do conflito.

7) A) O dano de que padece o sujeito passivo do delito se compensa com (reclama) outro dano ao delinquente.
7) B) Pretende-se conseguir a restauração do dano social.

8) A) Marginaliza-se a comunidade (e as vítimas) e localiza-se esta abstratamente no Estado.
8) B) A comunidade como catalisadora de um processo restaurativo *versus* o passado.

9) A) São promovidos e fomentados o talento competitivo, os valores individuais.
9) B) É incentivada a reciprocidade.

10) A) A sanção é a reação do Estado contra o delinquente. A vítima é ignorada, e o delinquente permanece passivo.
10) B) São reconhecidos o papel da vítima e o do delinquente, tanto no problema (delito) como em sua solução. São reconhecidos as necessidades e os direitos da vítima. O delinquente é animado a responsabilizar-se.

11) A) O dever do delinquente é cumprir (sofrer) a pena.
11) B) A responsabilidade do delinquente é definida como a compreensão do impacto de sua ação e o compromisso em reparar esse dano.

12) A) O delinquente não tem responsabilidade na solução do problema (do delito).

12) B) O delinquente tem responsabilidade na solução do conflito do crime.

13) A) O delinquente é denunciado.
13) B) É denunciado o dano causado.

14) A) O delito é definido no teor da formulação geral, sem tomar em consideração as dimensões morais, sociais, econômicas e políticas.
14) B) O delito é entendido em todo o seu contexto moral, social, econômico e político.

15) A) O delinquente tem uma dívida com o Estado e a sociedade, abstratamente.
15) B) É reconhecida à vítima a dívida/responsabilidade.

16) A) O castigo considera a ação pretérita do delinquente.
16) B) A sanção responde às consequências prejudiciais do comportamento do delinquente.

17) A) O estigma do delito é indelével.
17) B) O estigma do delito pode apagar-se pela ação reparadora/restauradora.

18) A) Não se fomenta o arrependimento e o perdão.
18) B) Procura-se o arrependimento e o perdão.

19) A) A justiça penal está exclusivamente nas mãos de profissionais governamentais.
19) B) Na resposta ao delito (ao conflito), colaboram também os participantes implicados nele.

Como é percebido e corroborado por distintos autores, a exemplo de Konzen, a Justiça Restaurativa funda-se "na ideia de um outro olhar sobre os fatos sociais em que se instalam as situações de conflituosidade, um olhar ainda concentrado nos sujeitos da relação em conflito".

Além disso, parte-se de uma resposta estática e estatuída para uma pluralidade de soluções cabíveis. Acrescenta Konzen:

> [...] um sistema preocupado com a adequação à variedade de transgressões e de sujeitos envolvidos, "um sistema de transmudação, do monolítico, de uma só resposta possível, para um sistema que ofereça respostas adequadas à realidade instituidora da vida", em atenção às necessidades daqueles diretamente interessados. (KONZEN, 2007, p. 82)

O componente de flexibilidade, juntamente com a restauratividade, define características pertinentes dessa forma de proceder: espontaneidade, voluntariedade, encontro dialógico, confidencialidade, informalidade, tolerância, respeito à diferença, circularidade. Além disso, os elementos comunitário, cooperativo, sistêmico, democrático, educativo, são as ferramentas indispensáveis para a busca de pacificação e responsabilidade ativa.

Da combinação de todas essas características e elementos emerge um modelo que se sustenta numa concepção de direitos humanos extensíveis a todos, em respeito ao multiculturalismo e à autodeterminação.

Outra importante forma de diferenciação está no trabalho de Juliana Benedetti (2009, p. 46-47), quando a autora desenha um quadro comparativo entre a Justiça Retributiva (justiça criminal tradicional) e a Justiça Restaurativa, embasada em Pedro Scuro Neto:

JUSTIÇA RETRIBUTIVA	JUSTIÇA RESTAURATIVA
Infração: noção abstrata, violação da lei, ato contra o Estado.	**Infração:** ato contra pessoas, grupos e comunidades.
Controle: Justiça penal.	**Controle:** Justiça, atores, comunidade.
Compromisso do infrator: pagar multa ou cumprir pena.	**Compromisso do infrator:** assumir responsabilidades e compensar o dano.
Infração: ato e responsabilidade exclusivamente individuais.	**Infração:** ato e responsabilidade com dimensões individuais e sociais.
Pena eficaz: a ameaça de castigo altera condutas e coíbe a criminalidade.	Castigo somente não muda condutas, além de prejudicar a harmonia social e a qualidade dos relacionamentos.
Vítima: elemento periférico no processo legal.	**Vítima:** vital para o encaminhamento do processo judicial e a solução de conflitos.
Infrator: definido em termos de suas deficiências.	**Infrator:** definido por sua capacidade de reparar danos.
Preocupação principal: estabelecer culpa por eventos passados (Você fez ou não fez?).	**Preocupação principal:** resolver o conflito, enfatizando deveres e obrigações futuras (o que precisa ser feito agora?).
Ênfase: relações formais, adversativas, adjudicatórias e dispositivas.	**Ênfase:** diálogo e negociação.
Finalidade: impor sofrimento para punir e coibir.	**Finalidade:** restituir para compensar as partes e reconciliar.
Comunidade: marginalizada, representada pelo Estado.	**Comunidade:** viabiliza o processo restaurativo.

Benedetti destaca também algumas diferenças quanto ao procedimento por meio do qual se efetiva cada um dos modelos:

JUSTIÇA RETRIBUTIVA	JUSTIÇA RESTAURATIVA
Presença do Estado: obrigatoriedade do procedimento judicial.	**Presença do Estado:** liberdade de entrada e de saída no procedimento restaurativo.
Presença do promotor de Justiça e do juiz do Direito como baliza na definição da matéria de conhecimento: restrição da apreciação judicial a questões estritamente relacionadas ao crime.	Ausência do promotor de Justiça e do juiz de Direito ampliam a matéria em discussão, extrapolando os limites dos fatos estritamente relacionados ao crime.
Presença da comunidade: subjugação de poderes locais pela justiça estatal.	Abertura para a participação ativa de representantes da comunidade.
Papel dos advogados: postura adversarial.	**Papel dos advogados:** postura cooperativa, com ênfase na proteção dos direitos humanos.

Podemos traçar assim algumas linhas de diferenciação: a Justiça Restaurativa como mecanismo voluntário de resolução de conflitos não tem o propósito de punir o autor da agressão, mas, sim, reparar os danos ocasionados às pessoas envolvidas em um processo (que nem sempre tem uma vítima individualizada, podendo atingir toda uma comunidade). Diferentemente, a justiça retributiva tem um viés repressor, que desconsidera a origem do problema e a possibilidade de mudança da realidade para a pacificação social.

Em termos de configuração, há duas tendências mais comuns (WALGRAVE, 1999). A primeira é de um sistema minimalista, também denominado de "tendência diversionista", que prega a obrigatoriedade de consenso das partes ligadas ao conflito para que o processo de Justiça Restaurativa seja aplicado, devendo o Estado se afastar da administração desses processos. Por sua vez, a perspectiva maximalista propõe uma alteração do modelo retributivo-punitivo, integrando o sistema de justiça penal estatal, de modo que a Justiça Restaurativa amplie seu campo de ação, abarcando delitos mais graves, sendo necessário que os processos possam ser impostos sob a forma de sanções restaurativas.

Em verdade, trata-se de duas perspectivas distintas no que diz respeito à adesão ou complementariedade ao sistema de justiça formal ou sua completa independência. A primeira corresponde a uma visão da Justiça Restaurativa como efetivo caminho de desjudicialização, afastando-se do sistema formal e de qualquer interferência judicial. Já a segunda configura uma percepção da Justiça Restaurativa como mecanismo de informalização da justiça, mas ainda assim situada no bojo de uma prestação jurisdicional formal.

Benedetti pondera que as divergências entre as concepções maximalista e minimalista que cindem os autores são pequenas diante da grande convergência que os une, independentemente do modo como pretendem fundamentar ou operacionalizar a Justiça Restaurativa. Todos tendem a concebê-la como uma filosofia de vida, sob perspectiva holística (BRAITHWAITE, 2003), que encara como um novo paradigma capaz de transformar não só o modo como funciona a justiça criminal, mas também a maneira com as pessoas se comportam e se relacionam em diversos âmbitos de suas existências.

De modo mais amplo, e independentemente da tomada de uma posição acerca dessas duas perspectivas apresentadas, é importante sublinhar a filiação da Justiça Restaurativa a uma cultura de paz, e daí sua aplicabilidade mais evidente às relações familiares, de amizade, escolar ou de vizinhança, mas não restrita a estas. Deposita-se, nesse sentido, nas práticas restaurativas a esperança de superação e transformação dos envolvidos no conflito e da sociedade para uma cultura de paz, necessitando, para tanto, mudanças de padrões culturais há muito arraigados para enxergar melhorias na vida dos indivíduos ou grupos envolvidos no conflito, tudo isso, inclusive, por meio do protagonismo político.

3.5 Aspectos conceituais, valores e princípios restaurativos

Percorrendo nosso caminho reflexivo em torno da Justiça Restaurativa, podemos agora aprofundar um pouco mais alguns conceitos.

O autor australiano John Braithwaite, na obra *Crime, shame and reintegration*, coloca como alicerce da Justiça Restaurativa dois elementos: a vergonha reintegrativa e a regulação responsiva. Acredita que, após a prática de qualquer crime, a comunidade em que o ofensor está inserido se incumbe de inculcar-lhe um sentimento de vergonha. Essa vergonha, segundo Braithwaite (1999), "pode ser desintegrativa, se implicar a marginalização do ofensor, com a introjeção de uma nova identidade e o aprofundamento de seu envolvimento com o crime – como diagnosticado, no campo da criminologia, pelos teóricos do chamado *labelling approach*, também conhecido como teoria da rotulação social. Outra possibilidade é transmitir-lhe uma espécie de vergonha reintegrativa, quando a reprovação do ato é acompanhada de esforços de reaceitação do indivíduo pela comunidade".

Neste toar, a Justiça Restaurativa seria um mecanismo de vergonha reintegrativa, que, ao mesmo tempo, reprova e readmite o indivíduo no seio de sua comunidade.

Ademais, um outro eixo em que se apoia a Justiça Restaurativa de John Brathwaite, ao lado da noção de vergonha reintegrativa, é a ideia de regulação responsiva, desenvolvida na obra *Restorative Justice and Responsive Regulation* (2002), segundo a qual o Estado modula a intensidade de suas respostas de acordo com as necessidades do caso concreto. Esse autor, por meio de uma pirâmide regulatória, retrata os três níveis de intervenção possíveis, em um contínuo que vai da reação menos interventiva à mais interventiva. Na base da pirâmide encontra-se a persuasão, o nível menos interventivo, na qual estão as soluções negociadas; nesta é que se enquadra a Justiça Restaurativa.

Benedetti retrata tal pensamento e acaba por concluir que, por maior que seja a diversidade entre trabalhos que versam sobre o tema da Justiça Restaurativa, todos eles têm em comum o fato de vislumbrarem a Justiça Restaurativa não apenas como um mero procedimento ou como um simples resultado de caráter reparador (BENEDETTI, 2009, p. 50).

Van Ness e Strong (2002, p. 249) destacam que "A marca da Justiça Restaurativa deve ser uma contínua transformação de perspectiva, de estruturas, de pessoas. Ela começa com a transformação de nós mesmos, uma vez que nós também temos dívidas a pagar, reconciliação a buscar, perdão a pedir e cura a receber. Nós não buscamos justiça somente 'lá fora', mas devemos voltar as lentes sobre nós mesmos também – nossos padrões de vida cotidianos e nosso tratamento e atitudes em relação aos outros. A Justiça Restaurativa é um convite à renovação de comunidades e indivíduos, assim como de procedimentos e programas. A transformação do mundo começa com a transformação de nós próprios".

Acerca dessa dimensão curativa, vale destacar que o Departamento de Justiça do Ministério da Justiça do Canadá elaborou um documento referencial[7] no qual define que "Justiça Restaurativa é uma abordagem do crime focada em curar as relações e reparar o dano causado pelo crime aos indivíduos e à comunidade".

Já discutimos que ainda não existe uma noção conceitual precisa e absoluta de Justiça Restaurativa, porém o conceito mais aceito e abrangente é aquele que deriva da Resolução 2002/12 da Organização das Nações Unidas – ONU:

> todo processo em que a vítima, o delinquente e, quando proceda, quaisquer outras pessoas ou membros da comunidade afetados por um delito participem conjuntamente de forma ativa na resolução de questões derivadas do delito, comumente com a ajuda de um facilitador.

Também já mencionamos que a Resolução trabalha as ideias de "processo restaurativo" e "resultado restaurativo":

> Processo restaurativo significa qualquer processo no qual vítima e o ofensor e, quando apropriado, quaisquer outros indivíduos ou membros da comunidade afetados por um crime participam ativamente na resolução das questões oriundas do crime, geralmente com a ajuda de um facilitador. Os processos restaurativos podem incluir a mediação, a conciliação, a reunião familiar ou comunitária (*conferencing*) ou círculos decisórios (*sentencing circles*).
>
> Resultado restaurativo significa um acordo

---

[7] Para conhecer o documento: http://canada.justice.gc.ca

> construído no processo restaurativo, que inclui respostas e programas tais como reparação, restituição e serviço comunitário, objetivando atender as necessidades individuais e coletivas, e a devida responsabilidade das partes, bem como promover a integração da vítima e do ofensor.

Pode-se perceber ainda que a mencionada resolução da ONU cuidou de conciliar programas restaurativos com a preservação do processo legal, das garantias processuais como a presunção de inocência, assim como da voluntariedade na participação dos processos restaurativos.

Assim, prevê no artigo 13:

> de acordo com a lei nacional, as partes devem ter direito a uma assistência legal adequada em relação ao procedimento restaurativo e, antes de firmarem um acordo, ambas devem estar informadas de seus direitos, da natureza do processo e das consequências daquela sua decisão.

Registre-se, todavia, que essa já é uma prática comum nos programas que aplicam a Justiça Restaurativa, uma vez que, para que se obtenha a participação voluntária das partes, é necessário possibilitar informação acerca do procedimento que irá se instaurar, sendo certo que essa voluntariedade é um dos requisitos para que haja o desenvolvimento do processo.

Assim sendo, a Justiça Restaurativa é um olhar contemporâneo da Justiça Penal que enfatiza a reparação do dano ocasionado ao agente e o restabelecimento das relações, em lugar de somente sancionar os infratores.

É importante atentar, como bem destaca o Instituto Internacional de Práticas Restaurativas[8], a distinção entre os termos práticas restaurativas e Justiça Restaurativa, tendo as primeiras raízes na segunda, consistindo em métodos de trabalhar o conflito e as tensões, reparando o dano e construindo relações.

De forma global, há dois enfoques de práticas restaurativas: "proativo" (constrói relações e desenvolve uma comunidade) e "reativo" (repara o dano e restaura as relações).

Em observância a lições de doutrinadores pátrios e internacionais, bem como às Cartas produzidas em eventos internacionais, podemos listar como princípios que norteiam a Justiça Restaurativa:

a) Informação plena sobre o procedimento das práticas restaurativas anteriormente à participação;

b) Autonomia e voluntariedade para participação em todas as fases do procedimento restaurativo;

c) Respeito mútuo entre os participantes do diálogo;

d) Envolvimento da comunidade em observância dos princípios da solidariedade e cooperação;

e) Corresponsabilidade ativa dos participantes;

f) Atenção às peculiaridades socioeconômicas e culturais dos participantes;

g) Promoção de relações equânimes e não hierárquicas;

h) Facilitação do diálogo por pessoa qualificada em procedimentos restaurativos;

i) Direito ao sigilo e à confidencialidade de todas as informações colhidas no processo restaurativo;

---

[8] Disponível em: http://www.iirp.edu

j) Interdisciplinaridade da intervenção;

k) Garantia irrestrita dos direitos humanos, promovendo a dignidade;

l) Atenção às necessidades das pessoas envolvidas no conflito;

m) Integração com a rede de políticas sociais em todos os níveis da Federação;

n) Desenvolvimento de políticas públicas integradas;

o) Interação com o sistema de justiça, sem prejuízo de práticas com base comunitária;

p) Promoção da transformação de padrões culturais;

q) Inserção social das pessoas envolvidas;

r) Monitoramento e avaliação contínua das práticas restaurativas.

Quanto aos momentos de encaminhamento dos casos para os programas restaurativos há grande variação entre países. A doutrina costuma classificar em:

a) Momento pré-acusatório com encaminhamento do caso pela polícia. A crítica que se faz é que, por se tratar de poder discricionário da polícia, representa um perigo em relação ao aumento dos poderes da autoridade policial. Na Nova Zelândia, a polícia deve encaminhar para uma reunião do *Family Group Conference* realizada junto ao Departamento do Bem-Estar Social – Serviços de Crianças, Jovens e Famílias (MAXWELL, 2005, p. 281);

b) Momento pré-acusatório com encaminhamento pelo juiz ou pelo Ministério Público;

c) Momento pós-acusação e pré-instrução, com encaminhamento imediato após o oferecimento da denúncia;

d) Momento pré-sentença, com encaminhamento pelo juiz, após o encerramento da instrução, visando viabilizar a aplicação de pena alternativa na forma de reparação de dano;

e) Momento pós-sentença, com encaminhamento pelo Tribunal, com a finalidade de inserir elementos restaurativos durante a fase de execução. A crítica a este momento deve-se ao fato de o Estado já ter realizado a persecução penal e o ofensor já estar cumprindo a pena, podendo configurar um *bis in idem* (pena advinda do processo penal e da medida restaurativa), o que revela uma incongruência sistemática (SICA, 2007, p. 30).

No que diz respeito aos valores que costumam ser considerados essenciais em práticas de Justiça Restaurativa reiteramos ser eles: respeito, responsabilidade, empatia e inter-relação do infrator com a comunidade.

O respeito deve guiar tanto aquele que tenha infringido a lei como a vítima e os demais que formam a comunidade.

A inter-relação não é apenas a interconexão de todos, significando fazer algo pelos demais. Este é o cerne da Justiça Restaurativa, que auxilia o infrator a começar um caminho diferente; portanto, mostra-se fundamental no âmbito da justiça especializada juvenil com enfoque restaurativo, pois favorece o sentimento de pertencer a uma comunidade e de ter apoio da mesma para uma transformação positiva. Logo, afastar o infrator – por meio do internamento ou privação de liberdade – deve ser o último recurso.

A responsabilidade e empatia constituem o compromisso dessas relações, mostrando que os infratores possuem necessidades, mas, também e sobretudo, a responsabilidade de fazer o correto, de devolver o bem pelo mal que fizeram por meio da reparação do dano. Por meio desses valores, aprendem a se colocar no lugar e valorar os sentimentos dos demais; também, que, como parte de um grupo, devem agir com responsabilidade, atentando que uma má conduta deve ser corrigida, ou seja, um comportamento que causa lesão, física ou psíquica implica a reparação ou compensação do dano.

A despeito de existirem diversas práticas restaurativas, o essencial é que reflitam os princípios e valores para atingir os resultados e objetivos restaurativos. Vale dizer, independentemente da forma a ser utilizada, é fundamental a observância dos princípios e valores restaurativos pretendidos.

É de se ressaltar que, qualquer que seja a prática restaurativa adotada, os benefícios proporcionados são diversos, podendo-se citar: reduzir o crime, a violência e práticas de *bullying*; melhoria da conduta humana, fortalecimento da sociedade, reparação de danos, restauração de relações, fortalecimento de comunidades e fomento a lideranças efetivas.

3.6 Principais práticas restaurativas

Há uma gama enorme de processos restaurativos possíveis, valendo-se parcial ou totalmente dos princípios e valores acima salientados, que recebem a denominação de "práticas restaurativas".

Jaccoud (2005, p. 168) expõe a existência de três modelos de aplicação de Justiça Restaurativa que podem estar centrados nas finalidades, nos processos ou em ambos.

O modelo centrado nas finalidades restaurativas possui muitos adeptos e objetiva a correção das consequências. Para esse modelo, os processos são secundários, sendo importante o alcance da finalidade restaurativa, ainda que se dê por meio de uma sentença do juiz. Nesse modelo, admite-se a ausência da vítima ou da sua família, estando presentes apenas o ofensor e a comunidade. A crítica a esse modelo é no sentido de que uma decisão de reparação da vítima pelo dano sofrido imposta pelo juiz, sem que haja participação, por meio do diálogo, das partes, não atende à essência da Justiça Restaurativa.

Já o modelo centrado nos processos coloca as finalidades restaurativas em segundo plano, enaltecendo o processo fundamentado sobre a participação; ou seja, a existência exclusiva de negociações, consultas ou envolvimentos mostra-se suficiente para ser considerada como uma prática de Justiça Restaurativa. A crítica a esse modelo é que possibilita o ajuste de sanções humilhantes ou privativas de liberdade, não cumprindo a finalidade ressocializadora que é um dos pilares da Justiça Restaurativa.

Por fim, o modelo centrado nos processos e finalidades impõe meios negociáveis e finalidades restaurativas concomitantemente. A crítica a esse modelo é seu viés reducionista, confinando-se à administração de infrações sumárias.

Em grande parte, os modelos de práticas restaurativas envolvem as partes interessadas principais (vítima, ofensor e comunidade) na reparação do dano e as partes interessadas secundárias, que atuam no apoio e colaboração do processo restaurativo sem interferir nas decisões.

Os três grupos de partes interessadas principais são representados pela imagem abaixo que traz os tipos e graus de práticas de Justiça Restaurativa[9].

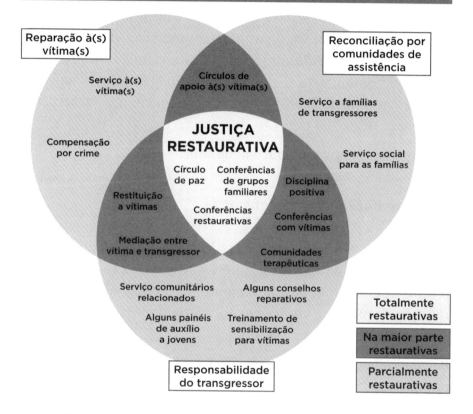

Em cada conjunto acima há representação de vítimas, transgressores e suas comunidades de assistência e de como se realiza a

---

[9] Disponível em http://www.arcos.org.br/periodicos/revista-eletronica-de-direito-processual/volume-iii/justica-restaurativa-um-novo-conceito. Acesso em 09 de julho de 2015.

interação entre eles e a prática restaurativa. Percebe-se que das participações unilaterais não se chegará a composições aptas a restaurar. Nota-se que na interseção dos três conjuntos é onde se situa o processo restaurativo, com o reconhecimento das consequências da transgressão e seu compromisso com a reparação.

A resolução da ONU destaca quatro modelos práticos principais de Justiça Restaurativa, quais sejam: mediação vítima-ofensor (*victim-offender mediation*), conciliação, reunião de grupo familiar ou comunitária (*Family Group Conferences* ou *Conferencing*) e círculos decisórios ou grupos de sentença (*sentencing circles*).

A seguir, falaremos um pouco mais sobre eles.

3.6.1. Mediação vítima-ofensor

A mediação vítima-ofensor constitui a prática mais adotada entre os países da Europa e América. Estudos a respeito dessa prática demonstram aprimoramento na relação vítima-infrator, redução do medo da vítima e maior efetividade no cumprimento do acordo por parte do infrator.

Por meio da mediação, oferece-se à vítima e ao infrator a oportunidade de reunir-se em um ambiente seguro e estruturado, acompanhados por um mediador, visando ao diálogo sobre o conflito e o modo de resolvê-lo (acordo reparador). Experiências mais recentes têm introduzido no diálogo pessoas relacionadas à vítima e ao infrator (familiares e amigos), na direção de proporcionar melhorias no diálogo.

O procedimento de mediação entre vítima e ofensor, geralmente inicia-se por reuniões com o mediador, nas quais se separam vítima e ofensor, visando observar e promover a maturidade dos envolvidos no conflito para o diálogo. A seguir, há o encontro entre ambos, no qual o mediador comunica ao ofensor os impactos (físicos, emocionais e financeiros) sofridos pela vítima em razão do ato infracional e o ofensor tem a possibilidade de retratar os motivos que levaram à sua ação/omissão, bem como de assumir sua responsabilidade. Depois desse diálogo, ambos buscam acordar a reparação do dano.

Dessa forma, possibilita-se que os envolvidos encarem e reconheçam os interesses dos outros como condicionantes das suas próprias ações ou omissões, levando-os a pensar sobre os fatos e ajustar seus comportamentos, de modo que o acordo reparador é apenas um meio para atingir o fim, que é a redefinição dos seus comportamentos sociais, evidenciando relações de cidadania.

É nesse condão que se indica "mediação comunitária" para as chamadas "vizinhanças problemáticas", bairros ou regiões particularmente conflitivas, nos quais a presença do Estado é ineficiente, fazendo-se necessária alguma forma de regulação social que pacifique as relações e a convivência entre os membros da comunidade. Nessa perspectiva, instalam-se centros de mediação comunitária. Exemplos dessa prática são *Boutiques de Droit* (França), *Family Group Conferences* (Nova Zelândia), *Community Boards* (EUA) e *Community Youth Conferences* (Austrália).

A importância desse mecanismo mostra-se também em outro contexto, de maior gravidade, relacionado a conflitos étnicos, raciais ou mesmo sociais vivenciados na história de muitas nações, que requerem uma resposta distinta da repressão, posto que esta só fomentaria a espiral de violência. Como exemplo, cita-se a Comissão para a Verdade e Conciliação em Greensboro

(EUA), no final da década de 1970, na qual ocorreram diversos homicídios influenciados pelo racismo.

Convém ressaltar, ainda, que as pesquisas realizadas em projetos-pilotos desenvolvidos em diversos países demonstram um consenso satisfatório, dos envolvidos no conflito, com esse mecanismo autocompositivo, ensejando redução nos dados estatísticos de reincidência de infrações.

3.6.2 Reunião de Grupo Familiar
(*Family Group Conferencing* – FGC)

A reunião de grupo familiar encontra raízes nas resoluções de conflitos das comunidades indígenas. Geralmente, é aplicada para os delitos de pouca gravidade, exceto na Nova Zelândia, que também utiliza as conferências para crimes severos e reiterados.

Essa prática assemelha-se à mediação vítima-ofensor, tendo como objetivos do encontro o envolvimento das partes na conscientização dos seus atos, a construção da reparação do dano e a vinculação de vítima e infrator à comunidade.

Apresenta-se em dois modelos: *court-referred* – modelo no qual os casos são desviados do sistema de justiça sempre que possível (neozelandês); e o *police-based* – a polícia ou a escola facilitam o encontro entre as partes e familiares (caso da Austrália e da maioria dos Estados norte-americanos) (PALLAMOLLA, 2009, p. 117).

3.6.3 Círculos decisórios

Também denominados de círculos de sentença, consistem em

um procedimento novo que tem amplo alcance, não sendo utilizado somente para o fim da Justiça Restaurativa, mas também para solucionar problemas da comunidade e inclusão de ex-detentos na comunidade.

Nos círculos participam as partes envolvidas no conflito (infrator/vítima), suas respectivas famílias e amigos, bem como qualquer pessoa da comunidade que tenha interesse, sendo um processo direcionado para gerar um consenso compartilhado entre as pessoas que figuram no processo.

O uso frequente de reuniões em círculos está se tornando muito comum em escolas, associações e entidades. Inicialmente, os círculos podem ser usados para as pessoas expressarem experiências, sentimentos, necessidades e refletirem sobre o impacto de seu próprio comportamento, desenvolvendo a consciência em resposta a um incidente comportamental. Ademais, ajudam no desenvolvimento da empatia, do respeito mútuo e da responsabilidade coletiva.

O autor Dominic Barter, tratando dos círculos restaurativos, citou algumas pré-condições essenciais para que se possa fazer um círculo restaurativo, quais sejam: encontrar as fontes de poder na comunidade em questão e se engajar com elas; achar um espaço físico onde esses círculos possam acontecer; encontrar alguém que saiba atuar como facilitador do processo; e avisar a comunidade que esse processo existe, destacando o seu funcionamento. Salienta, ainda, a importância de que as pessoas possam reconsiderar suas opiniões sobre "conflito", pois no geral tendemos a vê-lo como algo que deve ser evitado, quando, na verdade, ele é uma oportunidade para transformação. (BARTER, 2011).

3.7. Possíveis Resultados

Diante da importância da Justiça Restaurativa, que possibilita uma mudança de atitudes de todos os sujeitos envolvidos no conflito e um amanhã mais promissor para as futuras gerações, dedicaremos as próximas linhas às consequências da aplicação de práticas restaurativas.

Por estar a Justiça Restaurativa dentro de uma visão mais humana e racional, o infrator torna-se capaz de responsabilizar-se pelos seus atos e de participar ativamente na busca de respostas e soluções –, assumindo a responsabilidade do dano. Logo, não é necessário seu afastamento do convívio social, com as consequências nocivas que isso implicaria. Dessa forma, a Justiça Restaurativa pode promover a aceitação do infrator pela sociedade e, consequentemente, sua melhor ressocialização.

Cabe lembrar que, em um Estado Democrático de Direito, a ideia-guia é a superação e transformação do modelo formal de sistema tradicional penal para um modelo de defesa e garantia dos direitos humanos, extirpando o caminho mais curto da força e da violência.

CAPÍTULO 4 - JUSTIÇA JUVENIL RESTAURATIVA

Tendo já estudado em detalhe a Justiça Restaurativa, seu significado, conceito, princípios e finalidades, na sequência nos dedicamos a pensar e refletir acerca de uma Justiça Juvenil Restaurativa e seus desafios.

A Justiça Juvenil Restaurativa é uma forma de compreender e fazer frente aos conflitos, à violência e aos delitos que envolvem adolescentes, vítimas e comunidade. Logo, sua incidência se dá no campo da Justiça Especializada da Infância e Juventude em matéria infracional e também no âmbito do Sistema de Atendimento Socioeducativo, como veremos a seguir.

A Justiça Juvenil Restaurativa busca promover a participação ativa dos sujeitos envolvidos no conflito, na situação de violência ou no delito, procurando a reparação emocional, material e simbólica do dano ou agravo sofrido, como também o restabelecimento das relações humanas e sociais afetadas, por meio de processos e práticas restaurativas.

Neste caminho, a Justiça Juvenil Restaurativa busca promover a responsabilidade do adolescente em conflito com a lei, fazendo com que o adolescente, nas situações de prática de infração, tome consciência do dano ocasionado por seu comportamento, realize de maneira voluntária alguma ação de reparação da vítima e da comunidade, e seja inserido em programas de assistência pessoal e social. Busca-se deste modo a restituição de direitos negados e o auxílio para a reintegração positiva na comunidade.

Por outro lado, também se busca atender às diversas necessidades das vítimas por meio de apoio psicológico, orientação e atenção especializada, participação nos processos de Justiça, restituição, reparação ou compensação, assim como sua reintegração igualmente positiva na comunidade.

Por fim, é instrumento de fomento à participação da comunidade nos processos que favoreçam o restabelecimento das relações afetadas pelo conflito, pela violência e/ou o delito, por meio do apoio e assistência às vítimas e aos adolescentes para reparação dos danos e agravos. Conforme já referimos, uma forma de conceber a vulnerabilidade é aquela que abrange uma extensa gama de aspectos, tais como os físicos, psíquicos, comportamentais, sociais, culturais e econômicos.

De outro lado, devemos compreender que as políticas, programas e serviços falam e fazem parte das situações de vulnerabilidade ou, bem ao contrário, de sua superação. E por isso, quando falamos em uma situação de vulnerabilidade abrangemos uma resposta social já em curso, como já discutimos.

Para o campo da adolescência, a primeira dimensão individual de vulnerabilidade diz respeito ao que já tratamos anteriormente quando reconhecemos essa etapa da vida humana como altamente complexa, exigente e crítica. O adolescente não é mais criança e ainda não se constitui como adulto. O processo de individualização e formação da identidade e personalidade pode desencadear atos de rebeldia, transgressão e violência como busca de afirmação e reconhecimento.

Já do ponto de vista da vítima, evidentemente a violação ou violência sofridas também revelam uma vulnerabilidade a ser considerada. Sendo que, tanto para o adolescente ofensor como para a vítima, fatores sociais e contextuais podem agravar as dinâmicas de carência e dano, como se observa nas situações de violência na escola, na família e na comunidade.

Logo, a Justiça Juvenil Restaurativa pode ser aplicada e praticada para prevenir o conflito, a violência e a infração especialmente nesses espaços: nas escolas, nas famílias ou na comunidade.

Importante ainda destacar que, na hipótese de prática de infração comprovada, o enfoque restaurativo pode ser aplicado em todas as etapas do processo judicial por meio da remissão, mediação e outros processos restaurativos.

4.1 Caracterização da Justiça Juvenil Restaurativa

Como vimos, a Justiça Restaurativa deriva de formas antigas de justiça comunitária e por isso tem conceitos-chave ancestrais, como a cura, a reconciliação e o respeito mútuo. São esses conceitos as bases do proceder restaurativo em busca de fortalecimento de laços comunitários, pacificação e coesão social.

Desde as primeiras experiências restaurativas, como já referimos, observou-se como característica marcante a realização de encontros presenciais entre vítimas e ofensores, auxiliados por um terceiro imparcial. Tais encontros vieram a ser denominados de VOM (*victim-offender mediation*) ou, em português, MVO (mediação vítima-ofensor). Essa metodologia, com diversas vantagens e desvantagens, é largamente utilizada em programas de Justiça Restaurativa no mundo todo, e particularmente no campo da Justiça Juvenil especializada. É o caso do programa de Justiça Juvenil Restaurativa da Catalunha, na Espanha, por meio do qual são atendidos e solucionados cerca de 30% dos atos infracionais (BARBERAN, 2007).

Outro modelo refere-se às Conferências e aos Círculos, utilizados inicialmente em países da denominada Common Law, países anglo-saxônicos cujas práticas jurídicas, baseadas mais nos costumes e na jurisprudência do que na lei, lhes permitem relativa flexibilidade interpretativa e alguma abertura no sistema para incorporar procedimentos inovadores. Nesse contexto, destaca-se a experiência da Justiça Juvenil da Nova Zelândia com a realização de conferências de Justiça Restaurativa desde 1989 por previsão legal, como padrão tanto em procedimentos assistenciais quanto nos processos da Justiça Juvenil envolvendo infrações de média gravidade.

Nesse país, Nova Zelândia, no contexto da sociedade Maori que mantinha a tradição de reunir as *whanau* (famílias/famílias estendidas) e os *hapu* (comunidades/clãs) para resolver conflitos e determinar como lidar com problemas que os afetavam (MAXWELL, 2005), admitia-se anteriormente a remoção de crianças e adolescentes de suas famílias, afastando-os do convívio com suas famílias e comunidades. A alteração legislativa de 1989 teve o condão de substituir tais práticas e enfatizar a responsabilidade primária das famílias, mediante serviços de apoio para a superação dos seus problemas. Daí surgem as reuniões de grupo familiar (*Family Group Conferences*), incluindo todos os envolvidos e os representantes dos órgãos estatais responsáveis no processo de tomada de decisões. Essa experiência no âmbito da Justiça Juvenil envolve as vítimas e, tanto quanto possível, a adoção de soluções alternativas às determinações e sanções do Tribunal.

No tocante aos marcos jurídicos internacionais de Direitos Humanos sobre o tema da Justiça Restaurativa, especialmente no âmbito do Sistema ONU, tem-se como precursora a Resolução 1999/28, intitulada "Desenvolvimento e Implementação de Medidas de Mediação e Justiça Restaurativa na Justiça Criminal". Com base nessa Resolução, o Conselho Econômico e Social das

Nações Unidas (ECOSOC) passou a recomendar a formulação de padrões no campo da mediação e da Justiça Restaurativa. Em seguida, a Resolução 2000/14, intitulada "Princípios Básicos para utilização de Programas Restaurativos em Matérias Criminais", propõe a manifestação dos Estados-membros e de organizações intergovernamentais e não governamentais competentes, assim como de institutos da rede do Programa das Nações Unidas de Prevenção do Crime e de Justiça Criminal, sobre a desejabilidade e os meios para se estabelecer princípios comuns na utilização de programas de Justiça Restaurativa em matéria criminal.

Posteriormente, em 2002, outra Resolução, intitulada "Planejamento das Ações para a Implementação da Declaração de Viena sobre Crime e Justiça – Respondendo aos Desafios do Século Vinte e Um", foi elaborada. E, por derradeiro, em 2001, a Resolução 2002/12 consubstanciou-se no documento-síntese da Justiça Restaurativa na normativa internacional sobre o tema.

Da leitura de relatório recente das Nações Unidas intitulado "Promovendo Justiça Restaurativa para Crianças e Adolescentes" (ONU, 2013), extraímos três enfoques como prioritários para a Justiça Juvenil Restaurativa.

Os enfoques identificados são o reparador, o holístico e o restaurador, os quais procuramos explicar a partir de nossa compreensão do texto.

O primeiro enfoque, reparador, é assim denominado porque concentra sua atenção na reparação do dano causado. É esse enfoque que promove uma verdadeira viragem naquilo que é considerado no momento da adoção de consequências à infração. Em lugar do *quantum* de castigo se pretende infligir ao infrator, o centro da discussão passa a ser o *quantum* de dano a ser reparado. A reparação da vítima é fundamental. E, para tanto, evidentemente deve-se favorecer que o adolescente autor do ato assuma sua responsabilidade e responda pelas consequências de seu agir.

Destaque-se que não há uma vinculação direta e obrigatória entre a reparação e a compensação patrimonial, admitindo-se outras formas de composição que possam amparar a vítima e promover sua satisfação ou necessidade. Dentre alguns possíveis resultados pretendidos está a diminuição do medo que a vítima possa sentir em voltar a sofrer alguma violência ou violação do seu direito. Dos dados colhidos pelo documento, identificou-se ainda que as restituições simbólicas tendem a ser mais importantes que as restituições materiais.

O segundo enfoque apontado no relatório denomina-se holístico e se desdobra em duas dimensões: uma de fazer respeitar o princípio do melhor interesse do adolescente, e por conta disso adotar uma perspectiva dinâmica, como é também dinâmica a própria adolescência. E outra, de adotar ações multissetoriais capazes de conferir uma proteção social o mais integral possível. Do ponto de vista prático, podemos citar a provisão de serviços e suporte necessários, incluindo o acesso à educação e a serviços de saúde, apoio psicossocial, cursos técnicos e planos de atividades (ONU, 2013, p. 17).

O terceiro, e tão importante quanto os demais, é o enfoque restaurativo. Por restaurativos devemos entender os procedimentos que permitam restaurar a justiça, regenerar esse sentimento de justiça às partes e, portanto, de um lado reconectar o adolescente com a comunidade, eliminando a percepção de ser o adolescente uma ameaça, e concomitantemente devolver à comunidade a confiança na justiça. A restauratividade, já outrora mencionada, tem sustentação no valor relacional dos seres humanos.

Retomemos as lições de Konzen em seu livro *Justiça Restaurativa e Ato Infracional – Desvelando sentidos no itinerário da alteridade*. Ao tratar o termo restaurativo, o autor recupera a expressão latina *restaurare*, em seus múltiplos sentidos, como recuperar, reconquistar, recobrar, reaver, reparar, consertar, compor, pôr de novo em vigor, instituir novamente, restabelecer, restituir, recuperar, renovar, reconstituir (força, vigor, energia), revigorar, começar outra vez, reiniciar, recomeçar, satisfazer, pagar, indenizar, voltar ao estado primitivo, recobrar as forças ou a saúde, recuperar-se ou restabelecer-se (KONZEN, 2007, p. 83). O autor afirma: "a restauratividade, pelo sentido estrito construído a partir do adjetivo restaurativa ao substantivo justiça, teria o propósito de dedicar-se a tentar instalar novamente o valor da justiça nas relações violadas pelo delito".

Diante dos enfoques apresentados, o documento intitulado "Promovendo Justiça Restaurativa para Crianças e Adolescentes" (Nova York, 2015) descreve um conjunto de benefícios da Justiça Restaurativa para os adolescentes, os quais reproduzimos abaixo:

1. Assunção da Responsabilidade e Mudança de comportamento;
2. Sentir-se respeitado durante todo o processo;
3. Evitar a privação de liberdade e seus efeitos;
4. A eliminação do estigma e dos estereótipos;

Como se depreende, a Justiça Juvenil Restaurativa atrelada a todos os procedimentos que envolvem a flagrância de um ato infracional, sua apuração e a responsabilização do adolescente se caracteriza pela incorporação dos princípios e métodos restaurativos no campo da Justiça especializada.

Implica, consequentemente, que se substitua a feição retributiva, na qual a violação da lei e o castigo correspondente constituem o eixo central, por uma visão centrada nas consequências que o delito causou às pessoas em concreto e à necessidade de repará-lo. Desta forma, a Justiça Juvenil Restaurativa busca que o adolescente ofensor se faça responsável pelas consequências de seu ato, procurando que no encontro com a vítima ocorra uma reconciliação baseada na restituição do dano e no perdão.

É também pretendida, como resultado, a restituição do vínculo social, procurando a reintegração do infrator na comunidade, fortalecendo assim o sentimento de segurança quebrado, os laços comunitários e a coesão social.

4.1.1 Objetivos da Justiça Juvenil Restaurativa

Considerando os temas abordados, especialmente a caracterização da Justiça Juvenil Restaurativa, podemos traçar preliminarmente alguns de seus objetivos, dentre outros:

1. Viabilizar a política pública socioeducativa com celeridade, efetividade e respeito às garantias do adolescente, por meio de uma metodologia participativa interdisciplinar;
2. Ter por foco a mediação entre vítima e adolescente ofensor, favorecendo que as partes envolvidas na demanda restabeleçam o diálogo, o respeito mútuo, a paz, podendo-se assim evitar novos conflitos.
3. Contribuir para a inclusão do adolescente, a coesão social e a

pacificação por meio das soluções encontradas nas práticas de Justiça Juvenil Restaurativa.

4. Favorecer, com as metodologias e os procedimentos utilizados, o diálogo, a negociação e a solução de problemas, reforçando a dimensão participativa das práticas e a participação responsável de todos os envolvidos, em diferentes níveis de responsabilidade.

No tocante à participação responsável de todos, cabe destacar que a reparação tem efeitos educativos e ressocializadores. A reparação pode ajudar o adolescente e toda a comunidade a compreender as consequências de seu ato e, ao mesmo tempo, dar oportunidade ao adolescente de compreender-se como sujeito e de reivindicar-se e restituir- se como pessoa.

Os diferentes níveis de responsabilidade vinculam o sistema de garantia de direitos para incluir o preenchimento das lacunas sociais e a garantia de direitos de forma gradual.

Há uma conjunção tremendamente importante: Responsabilidade do Adolescente – Educação para a Cidadania – Titularidade de Direitos. Ao trabalhar sobre a base da responsabilidade do adolescente, a Justiça Restaurativa constrói a necessária ponte entre a educação como cidadão, e o autorreconhecimento do adolescente enquanto sujeito de direitos, capaz de responder por seus atos.

Registre-se que defendemos que o adolescente responda por seus atos. As práticas restaurativas buscam oferecer caminhos para lograr este objetivo e, com isso, propiciar que as bases não só da responsabilidade como da cidadania se constituam e fortaleçam mutuamente.

Trata-se daquilo que Leonardo Sica destacou:

como fundamento de uma nova subjetividade que atribua aos indivíduos um papel ativo, um papel de redefinição dos problemas, de reafirmação da própria esfera de autonomia e poder, seja em termos culturais, políticos, psicológicos (...). (SICA, 2007, p. 19).

E é demasiado importante ressaltar que a Justiça Restaurativa "não é um modelo substitutivo ao atual: os modelos punitivos e restaurativos devem coexistir e complementar-se (...)" (SICA, 2007, p. 34). Tal compreensão permite utilizar o enfoque restaurativo na Justiça convencional da Infância e Juventude, mas não exclui que também possibilite experiências comunitárias e diversificadas de utilização, incluindo o campo da execução das medidas socioeducativas, a cargo da socioeducação.

Em face de todo o exposto, podemos sinalizar que as práticas de Justiça Juvenil Restaurativa podem se dar em qualquer estágio do processo, desde o momento da apreensão do adolescente até a execução propriamente dita das medidas socioeducativas.

O foco, qualquer que seja o *locus* de realização da Justiça Restaurativa, são as consequências do ato infracional e as relações sociais afetadas pela conduta. Por isso, os procedimentos devem orientar-se pela participação voluntária e não adversarial.

Logo, para alcançar seus objetivos, a Justiça Juvenil Restaurativa se baseia em quatro princípios essenciais:

- A participação ativa do adolescente ofensor, da vítima e da comunidade.
- A reparação material e simbólica do dano.
- A responsabilidade do adolescente.
- A reconciliação adolescente ofensor–vítima–comunidade.

Como já referimos anteriormente, a Justiça Restaurativa é um instrumento de pacificação social; de caráter preventivo, que busca preservar as relações viabilizando e valorizando o diálogo entre os envolvidos, e reconhecendo e conferindo-lhes a autoria das soluções.

As ações com enfoque restaurativo exigem, portanto, interdisciplinaridade, para solucionar os conflitos na sua integralidade e em seus múltiplos aspectos (legal, psicológico, social e financeiro).

Dentre os resultados esperados está a efetivação de princípios fundamentais como o exercício da cidadania, o acesso à justiça e o respeito à dignidade do adolescente como pessoa humana.

No tocante aos modelos de práticas, reportamos novamente a elaboração do Conselho Social e Econômico da ONU (ECOSOC), por meio da Resolução 2002/12, que definiu uma lista de princípios básicos que trazem importantes orientações acerca da implementação da Justiça Restaurativa.

Tais princípios servem como referência internacional no âmbito da regulamentação da Justiça Restaurativa e de suas práticas, e objetivam orientar sua utilização em casos criminais, através do desenvolvimento de programas que viabilizem a consecução de processos e resultados restaurativos. Desta forma, possuem igualmente aplicabilidade no âmbito da Justiça especializada.

Os princípios já estudados que decorrem da Resolução 2002/12 são o chamado programa restaurativo, o processo restaurativo e o resultado restaurativo. Trasladando à realidade do sistema de justiça especializado, o Programa Restaurativo poderá ser qualquer programa que se utilize de processos restaurativos buscando um resultado restaurativo.

O Processo Restaurativo, por sua vez, se dá por meio do encontro entre vítima, adolescente infrator e comunidade, tentando solucionar as controvérsias decorrentes do ato infracional, orientados por um facilitador; e abrange a mediação, a conciliação, audiências e círculos de sentença. O Resultado Restaurativo é o acordo alcançado durante esse encontro (processo restaurativo), que inclui responsabilidades para o adolescente autor do ato infracional, como reparação, restituição, prestação de serviços comunitários, intentando-se satisfazer as necessidades individuais e coletivas das partes e almejando a reintegração social da vítima e do infrator.

Merece destaque a figura do facilitador no processo restaurativo juvenil, sendo este "um terceiro imparcial que deve basear-se nos fatos do caso e nas diferentes necessidades das partes", fato que exige poder do mesmo para corrigir certos desequilíbrios existentes.

4.2 Modelos de Práticas

Adotamos a expressão "práticas restaurativas" para designar estratégias de resposta às situações de transgressão ou conflito mediante a utilização de valores e processos restaurativos, em contextos judiciais ou extrajudiciais. Quaisquer que sejam os formatos dos encontros, observam-se, via de regra, as mesmas etapas (McCOLD, 1999):

a) Reconhecimento da injustiça (discussão dos fatos);

b) Compartilhamento e compreensão dos efeitos prejudiciais (expressão dos sentimentos);

c) Acordo sobre termos de reparação (reparação acordada); e

d) Atingir compreensão sobre o comportamento futuro (mudança implementada).

As práticas mais comuns inserem-se nos seguintes modelos:

- **Modelos de Mediação e Conciliação.** Desenvolve-se mediante um encontro presencial entre a vítima e o agressor, previamente preparado, e conduzido por uma terceira pessoa, que deve manter neutralidade com relação aos envolvidos, objetivando a celebração de um acordo para definir a reparação dos danos, que pode ser ajustado de forma material (por exemplo, uma indenização) ou simbólica (por exemplo, um pedido de desculpas). A conciliação vítima-ofensor é uma variante desses encontros presenciais, em geral aplicada no curso de um processo judicial. O conciliador procede com menor compromisso de neutralidade, orientando as partes no sentido de um acordo, no qual costuma ser mais comum a ênfase na solução do processo do que do conflito em si.

- **Conferências de Justiça Restaurativa.** Seu principal traço distintivo reside na composição do encontro, cuja participação é ampliada a membros das famílias, amigos e outras pessoas de referência das partes do conflito (ofensor e vítima), designados como suas "comunidades de apoio". Também são acolhidos representantes dos serviços assistenciais que estejam relacionados ao atendimento do infrator. É prevista também a participação de um policial. As conferências promovidas pela Justiça Juvenil têm por base a experiência neozelandesa. São conduzidas por um facilitador indicado pela Justiça e se destinam a casos de relativa gravidade (embora não sejam aplicadas aos crimes mais graves, como homicídios) ou quando o infrator é reincidente. Conferências semelhantes são também características dos programas de Justiça Restaurativa australianos (AGUINSKY, 2014).

- **Círculos de resolução de conflitos e de prolação de sentença.** Tais círculos estão associados ao resgate de tradições indígenas norte-americanas e canadenses, nas quais a comunidade atingida pelo problema se reúne para se manifestar sobre o ocorrido e propor soluções. A principal característica desses encontros está em que a palavra é colocada à disposição dos presentes, de forma sequencial e rotativa, por meio de um objeto que facilita a circulação da palavra. Esses círculos ocorrem quando há um processo em andamento, o qual é suspenso antes de ser prolatada a sentença para realizar-se uma reunião das partes do conflito, pessoas de referência e outros representantes da comunidade, os quais, na presença dos operadores jurídicos – juiz, promotor, advogado –, discutirão como poderia ser mais bem solucionado o caso.

- **Círculos de paz – Modelo Zwelethemba.** Correspondem a um desdobramento da experiência das Comissões de Verdade e Reconciliação, que se realizaram na África do Sul após o término do regime do *apartheid*, como estratégia de recomposição social do país, abalado pela memória de inúmeros e dolorosos crimes motivados pelas disputas raciais. Nesse modelo, cidadãos comuns recebem um treinamento para atuar como facilitadores de um encontro das partes, que compareçam acompanhadas de familiares e apoiadores. O objetivo do encontro gira em torno da identificação do que denominam de "raiz do problema". Ofensor e ofendido são ouvidos separadamente pela comunidade e, ao final, se estabelece uma discussão visando à melhor compreensão do problema e à construção de um acordo.

4.3 Justiça Restaurativa e Socioeducação

A Resolução do Conselho Econômico e Social das Nações Unidas, que estabeleceu as Regras Mínimas para a Administração da Justiça de Menores (Regras de Beijing), regulamentou, em seu item 11.4, que, para facilitar a tramitação jurisdicional dos casos de jovens, procurar-se-á proporcionar à comunidade programas tais como orientação e supervisão temporária, restituição e compensação das vítimas. Essa regra internacional foi internalizada pelo Direito brasileiro, por meio do Estatuto da Criança e do Adolescente, em 1990, que arrolou entre as medidas socioeducativas a "obrigação de reparar o dano" (BRASIL, 1990, art. 116).

Entretanto, percebe-se ainda um viés retributivo e um forte sentido patrimonial, seja nas hipóteses de cabimento seja nos objetivos da medida. Como resultado, tem predominado, a respeito da reparação de danos, uma compreensão doutrinária e uma aplicação judicial que colocam excessiva relevância em seu caráter indenizatório, em prejuízo do seu potencial restaurativo.

Como pondera Aguinsky (2014), a transposição do instituto da "restituição e compensação das vítimas" da normativa da ONU para a norma do ECA teria implicado um importante empobrecimento. Esse fenômeno é também ilustrativo de um contexto cultural ainda incapaz de facilitar que a vítima compareça e se manifeste, presencialmente, a respeito dessa possibilidade – a qual ficará sempre a critério e sob a iniciativa da "autoridade". É verdade que a lei brasileira reserva vários momentos muito propícios para viabilizar essa composição, representados pela aplicação do instituto da remissão. Mas é significativo também que a remissão seja, na sistemática do ECA, tratada quase como uma prerrogativa do Ministério Público, que é o órgão estatal acusador no modelo tradicional de Justiça, comparecendo em nome e no lugar da vítima.

Em seus 25 anos de vigência, o Estatuto apontou para a necessidade de adoção de novos mecanismos de abertura e aperfeiçoamento e é nesse cenário que a Lei nº 12.594/2012, conhecida como Lei do SINASE, veio a somar com a perspectiva restaurativa para a socioeducação.

É preciso compreender que desde sempre o ECA ensejou a aplicabilidade da Justiça Restaurativa Juvenil em diversos momentos da tramitação do processo socioeducativo, desde a apuração até a execução das medidas socioeducativas. Vejamos:

Tendo em conta a possibilidade de mecanismos extrajudiciais de autocomposição, adotados numa etapa processual anterior à sentença, a solução restaurativa, nesse contexto, ocorreria antes mesmo do registro da ocorrência policial.

Sob esse viés, compreendem-se as práticas restaurativas como alternativa à atuação convencional da Justiça, consideradas como um mecanismo diversório, ou seja, de efetiva desjudicialização. Podem ser aplicadas nos casos de adolescentes encaminhados ao sistema de Justiça por situações de pouca gravidade, ou sem maior relevância jurídica para justificar a mobilização do aparato judicial, enfatizando iniciativas comunitárias de Justiça Restaurativa.

Outro espaço para a perspectiva restaurativa está no instituto da remissão, como forma de exclusão do processo (BRASIL, 1990, art. 126) ou para sua suspensão ou extinção, a qualquer tempo (BRASIL, 1990, art. 188), e depois de instaurado o processo e até que seja prolatada a sentença para a modificação da medida já em execução.

Esses momentos podem propiciar a realização de um encontro restaurativo, com ou sem a participação da vítima. Na prática, na maioria das situações, tem-se utilizado a remissão com cumulação de medida socioeducativa. Daí decorre o início de um processo de execução da medida socioeducativa em que o acordo restaurativo pode ser adotado como substitutivo do Plano Individual de Atendimento do Adolescente (PIA) ou pode contribuir para a definição das bases para a elaboração do PIA. Ao orientador caberá considerar o conjunto dos compromissos contemplados no acordo como condições de cumprimento da medida socioeducativa. Caso descumpridas as condições, ou a própria medida socioeducativa, a situação ensejaria apreciação das consequências do descumprimento em sede judicial.

Alguns estudiosos da temática, a exemplo de Beatriz Aguinsky, tem apontado a medida de liberdade assistida como a mais adequada ao acordo restaurativo (AGUINSKY, 2014).

Neste particular, devemos ter presente que o ECA prevê também ampla margem de oportunidades para utilização de práticas restaurativas depois de proferida a sentença, caso em que poderão ser compreendidas como mecanismos complementares à atividade jurisdicional. Isso ocorre porque, em respeito à sua natureza peculiar de pessoa em desenvolvimento, o ECA estabelece também grande flexibilidade no que se refere ao cumprimento das sentenças impositivas de medidas socioeducativas.

O exemplo da Liberdade Assistida é ilustrativo, uma vez que pode ser a qualquer tempo prorrogada, revogada ou substituída por outra medida. Já com relação às medidas socioeducativas privativas de liberdade, o artigo 121, parágrafo 2º, diz que a internação não comporta prazo determinado, devendo sua manutenção ser reavaliada, mediante decisão fundamentada, no máximo a cada seis meses.

A partir dessas regras, combinadas com as do artigo 128 do ECA, no que se refere às medidas ajustadas por remissão, estabelece-se uma interpretação sistemática segundo a qual, respeitados determinados limites definidos em favor do adolescente, qualquer medida pode ser objeto de ajustes e modificações a qualquer tempo, emergindo oportunidades de revisão do PIA e possibilidades concretas de introdução de práticas da Justiça Restaurativa.

Isso porque o PIA, nos moldes do que define o artigo 52, parágrafo único da Lei do SINASE, é oportunidade para a participação dos pais ou responsáveis, tanto na elaboração quanto em suas posteriores modificações e ajustes. Ademais, o PIA deve partir de um levantamento das necessidades do adolescente, tendo em vista a infração cometida e suas consequências. Logo, demonstrada está sua total sintonia com a perspectiva restaurativa e todos os enfoques que conformam a Justiça Juvenil Restaurativa.

Destaque-se que as práticas restaurativas têm um enorme potencial para subsidiar tanto a elaboração dos planos de atendimento quanto os pareceres técnicos relativos à definição dos objetivos, metas e condições de cumprimento das medidas.

Os compromissos assumidos em um processo restaurativo serão seguramente mais autênticos do que sua concordância em cumprir objetivos traçados pelo juiz na sentença ou pelo técnico na elaboração unilateral do plano. Além disso, a pactuação desses compromissos não se limitará aos adolescentes e aos objetivos a serem por ele assumidos, mas envolverá todos os participantes do encontro num processo de corresponsabilização.

É dizer, adotando-se a perspectiva da participação responsável, em diferentes níveis, conforme explanamos anteriormente.

4.3.1 A Lei do SINASE e a Justiça Restaurativa

A Lei que institui o Sistema Nacional de Atendimento Socioeducativo e regulamenta a execução das medidas destinadas ao adolescente que pratique ato infracional – Lei n° 12.594/12 – contempla diversos dispositivos que consagram a Justiça Restaurativa.

O primeiro aspecto relevante está na definição dos objetivos das medidas socioeducativas, descritos no artigo 1º, parágrafo 2º:

> I – A responsabilização do adolescente quanto às consequências lesivas do ato infracional, sempre que possível incentivando a sua reparação;
>
> II – A integração social do adolescente e a garantia de seus direitos individuais e sociais, por meio do cumprimento de seu plano individual de atendimento; e
>
> III – A desaprovação da conduta infracional, efetivando as disposições da sentença como parâmetro máximo de privação de liberdade ou restrição de direitos, observados os limites previstos em lei.

Desta forma, a definição, no inciso I, da responsabilização do adolescente quanto às consequências lesivas do ato infracional, sempre que possível incentivando a sua reparação, revela uma diretriz essencialmente restaurativa para as medidas socioeducativas.

Assoma-se o inciso II, ao referir-se ao objetivo da medida como integração social do adolescente, aspecto já abordado no tocante ao enfoque holístico da Justiça Juvenil Restaurativa. Já o inciso III, ao referir-se ao objetivo da desaprovação da conduta infracional, está relacionado à dimensão da responsabilidade e sua assunção.

Igualmente importantes são os princípios elencados no artigo 35 da Lei, com forte teor restaurativo:

> Art. 35 – A execução das medidas socioeducativas reger-se-á pelos seguintes princípios:
>
> II – excepcionalidade da intervenção judicial e da imposição de medidas, favorecendo-se meios de autocomposição de conflitos;
>
> III – prioridade às práticas ou medidas que sejam restaurativas e, sempre que possível, que atendam as necessidades das vítimas;

Observa-se, portanto, que a Lei nº 12.594/2012 oferece um terreno fértil para a institucionalização e implementação da Justiça Juvenil Restaurativa, em consonância com os parâmetros internacionais já estudados.

4.3.2 Práticas e experiências de Justiça Restaurativa no Sistema Socioeducativo

Tomando como exemplo para um estudo de caso de implementação de práticas restaurativas na Justiça Especializada da Infância e Juventude, elegemos a experiência que vem se desenvolvendo no âmbito do Programa Justiça para o Século 21[10].

O programa tem o objetivo de divulgar e aplicar as práticas da

---

[10] O *site* http://www.justica21.org.br/, divulga as aplicações e práticas da Justiça Restaurativa.

Justiça Restaurativa (JR) na resolução de conflitos em escolas, ONGs, comunidades e Sistema de Justiça da Infância e Juventude, como estratégia de enfrentamento e prevenção à violência em Porto Alegre, e vem sendo implementado desde o ano de 2005, na 3ª Vara da Infância e da Juventude da capital gaúcha.

Um olhar detido sobre os procedimentos adotados nessa iniciativa pode servir de inspiração para a disseminação e estruturação de novas práticas no país.

Assim sendo, identificamos que os procedimentos do Justiça para Século 21 estão estruturados em três etapas (Pré-Círculo, Círculo, Pós-Círculo) e a realização do encontro está igualmente organizada em três passos (compreensão mútua, autorresponsabilização e acordo). Vejamos:

Pré-Círculo: Propicia e organiza as pré-condições que permitirão a convergência de todos os participantes do círculo em torno de um mesmo fato. Os participantes são convidados pessoalmente, por contatos telefônicos ou correspondência.

Círculo: Propicia que as pessoas possam falar e ser ouvidas, com respeito, esclarecendo suas dúvidas e anseios sobre o fato que iniciou o conflito e a definição dos termos de um acordo voltado à reparação direta ou indireta do dano e à integração social do ofensor. A realização do encontro é subdividida em três momentos distintos:

- 1º Momento – Compreensão Mútua – Está voltado para as necessidades atuais dos participantes em relação ao fato ocorrido e orientado para a compreensão mútua, entre os participantes, dessas necessidades.

- 2º Momento – Autorresponsabilização – Está voltado para as necessidades dos participantes ao tempo dos fatos e orientado para a autorresponsabilização dos presentes.

- 3º Momento – Acordo – Está voltado para as necessidades dos participantes a serem atendidas e orientado para o acordo.

Pós-Círculo: Objetiva verificar o cumprimento das ações e o grau de restauratividade alcançado com relação a todos os envolvidos, além de ressignificar a ação cumprida e adaptar o acordo às novas condições.

Conforme se pode perceber, a estrutura do procedimento (pré-círculo, círculo e pós-círculo) e o "passo a passo" da realização dos encontros (compreensão mútua, autorresponsabilização, acordo) são aplicáveis às mais diversas situações: desde uma briga no pátio da escola até situações graves, como nos casos de homicídio.

Iniciativas de sistematização dessa experiência nos permitem verificar que existem variações do procedimento, operacionalizadas no âmbito do Sistema Socioeducativo:

- Círculos Restaurativos – com a participação direta ou indireta da vítima, infrator e respectivas comunidades de apoio, tendo por objeto a confrontação dos envolvidos com as respectivas responsabilidades pelas consequências do ato infracional, e acordo contemplando alternativas para sua reparação.

- Círculos Familiares – sem participação da vítima, abrangendo apenas o infrator e respectiva comunidade de apoio, tendo por objeto a confrontação dos envolvidos com as respectivas responsabilidades pelas consequências do ato infracional, e acordo contemplando alternativas para sua reparação.

- Círculos de Sentença – variante dos procedimentos anteriores, com ou sem participação da vítima, aplicável às situações em que a gravidade dos fatos e/ou a presença de interesses indisponíveis tornem a solução final ou algum de seus aspectos insuscetível de acordo, caso em que as proposições dos participantes terão por objeto subsidiar a prolação da sentença, mediante indicação de alternativas de reparação ou compensação dos danos da infração.

- Círculo de Compromisso – sem participação da vítima, abrangendo apenas o infrator e a respectiva comunidade de apoio, tendo por objeto a pactuação do PIA – Plano Individual de Atendimento, especificando as condições de cumprimento da medida socioeducativa, em qualquer de suas etapas de elaboração, ajustamento ou implementação.

Além dessas formas de aplicação, outras possibilidades vêm sendo experimentadas. São elas:

- Painéis com vítimas – Encontro de pessoas voluntárias que já tenham sido vítimas de crimes. As vítimas são convidadas a prestar depoimentos, relatando com a mais viva emoção a experiência de terem sido vitimizadas, os prejuízos que sofreram e os abalos emocionais originados da experiência de vitimização. Após o relato, os adolescentes são convidados a traduzir o que escutaram das vítimas. Ocorre nesse momento uma oportunidade de reflexão e de empatia com as vítimas, pois se colocam no lugar delas.

- Encontros com familiares – A exemplo da reflexão promovida nos Círculos Familiares, mas atuando de forma mais aberta, promove-se um encontro com a participação de diversos adolescentes e respectivos familiares, abrindo oportunidades para que tragam depoimentos sobre como foram afetados pela prática do ato infracional. São encontros plenos de expressão de sentimentos, em que familiares podem relatar desde o momento em que tomaram conhecimento da ocorrência (ou da apreensão) do adolescente, como se sentiram ao vê-lo na polícia (ou detido), como estão convivendo com a situação agora etc. O adolescente é convidado a traduzir o que seus familiares expressaram e, assim, busca-se recompor relações familiares afetadas pelo delito e suas consequências.

- Reflexões individuais e em grupos operativos – O tema das consequências do ato infracional, envolvendo o sofrimento trazido para a vítima, a perda de seus bens ou eventuais dores físicas ou emocionais que lhe foram impostas pelo infrator, pode ser um ingrediente muito rico para um processo reflexivo em atendimentos individuais ou em grupo, principalmente quando utilizada a metodologia dos grupos operativos.

CONSIDERAÇÕES FINAIS

A crença de ser a via judicial a única opção legítima para a administração dos conflitos, por meio de métodos coercitivos e sancionatórios, constitui um produto cultural.

A valorização de uma perspectiva autocompositiva, em que os participantes do conflito assumam responsabilidade por meio de um diálogo cooperativo, consiste em um instrumento legítimo de pacificação social que supera o dogma da preponderância estatal na resolução dos conflitos, inclusive na vertente punitiva.

É nesse caminho que se aponta o sentido do conflito em um viés construtivo e interdisciplinar, que, por meio de instrumentos adequados, é solucionado por mecanismos eficientes que ensejam transformações no indivíduo e nos relacionamentos sociais, devendo ser aplicados, também, na seara penal, por meio de práticas adequadas, em situações que envolvem vítima e ofensor.

De forma bastante sintética, mas procurando condensar tudo o que foi objeto de nossa reflexão, podemos apontar como resultados positivos propiciados pela Justiça Juvenil Restaurativa:

- Nova concepção de responsabilidade do adolescente;
- Redução da reincidência;
- Restituição ao infrator e à vítima;
- Reparação dos danos;
- Empoderamento da comunidade acerca de mecanismos de controle social.

À luz desta singela lista de resultados, mas extremamente profundos no que diz respeito ao funcionamento da Justiça Especializada e seus objetivos, constatamos que um dos principais desafios dessa implementação reside na superação da ideia de responsabilidade passiva, sobre a qual se assentam as respostas convencionais para o ato infracional cometido por adolescentes.

Para a Justiça Juvenil Restaurativa, a responsabilidade é um dos valores mais fundamentais, que se projeta para além do adolescente ofensor – que deve responsabilizar-se por reparar o dano que causou a quem por ele foi afetado –, mas se orienta também para a construção de responsabilidades mútuas que alcancem o próprio ofensor, vítimas e a comunidade, visando à superação gradual de lacunas sociais e a garantia de direitos.

Assim, para a Justiça Juvenil Restaurativa é essencial que o adolescente ofensor tenha clareza das consequências de seu agir, especialmente de seus impactos para as vítimas e pessoas próximas (suas ou da vítima), tomando responsabilidade por suas ofensas e posicionando-se ativamente em direção à reparação do dano causado, com uma visão de futuro. Daí emergem as possibilidades de redução da reincidência e o fortalecimento de laços comunitários que contribuem tremendamente para novos atores e mecanismos mais avançados de controle social.

Como vimos, há marcos éticos, jurídicos e teóricos que fundamentam a construção de novas responsabilidades no campo da socioeducação, a partir das ideias da Justiça Restaurativa. Parafraseando Aguinsky, somos todos herdeiros de muita responsabilidade: tornar concretas as possibilidades de uma cultura restaurativa no âmbito do atendimento socioeducativo (AGUINSKY, 2014).

Os desafios de melhor definição e implementação dessa Justiça estão lançados, exigindo de cada um dos atores do Sistema de Garantias e do Sistema Socioeducativo novos saberes, novos fazeres, mas, especialmente, novos valores. Parece-nos o caminho mais promissor para alicerçar a defesa da dignidade humana de todos, vítimas, adolescentes, comunidades. E de construção de uma justiça especializada que pode ensinar muito à justiça como um todo.

REFERÊNCIAS BIBLIOGRÁFICAS

ABRAMO, Helena Wendel. Condição juvenil no Brasil contemporâneo. In *Retratos da juventude brasileira:* análises de uma pesquisa nacional, v. 2. São Paulo, Fundação Perseu Abramo, 2005, p. 37-72.

ACHUTTI, Daniel. *Justiça restaurativa e abolicionismo penal.* São Paulo: Saraiva, 2000.

AGUINSKY, Beatriz et al. *A invisibilidade das necessidades das vítimas no Sistema de Justiça da Infância e Juventude: achados preliminares do Observatório de Vitimização e Direitos Humanos.* Justiça para o Século 21, 2014. Disponível em: http://justica21.web1119.kinghost.net/arquivos/bib_271.pdf. Acesso em: 17 ago 2018.

ALMEIDA PRADO, Lídia Reis. *O juiz e a emoção.* Aspectos da lógica da decisão judicial. Campinas: Milenium, 2010.

AMSTUTZ, Lorraine Stutzman; MULLET, Judy H. *Disciplina Restaurativa nas Escolas:* teoria e prática. São Paulo: Palas Athena, 2012

ARISTÓTELES STAGIRITIS. *Ética a Nicômaco.* São Paulo: Martins Fontes, 1991.

AZEVEDO, André Gomma de. Desafios de acesso à justiça ante o fortalecimento da autocomposição como política pública nacional. In: RICHA, Morgana de Almeida; PELUSO, Antonio Cezar. *Conciliação e mediação:* estruturação da política judiciária nacional. Rio de Janeiro: Forense, 2011.

_____ O componente de mediação vítima-ofensor na justiça restaurativa: uma breve apresentação de uma inovação epistemológica na autocomposição penal. In: SLAKMON, C.; DE VITTO, R.; PINTO, R. Gomes (orgs.). *Justiça Restaurativa.* Brasília: Ministério da Justiça e Programa das Nações Unidas para o Desenvolvimento – PNUD, 2005.

AZEVEDO, André Gomma de. *Novos desafios de acesso à justiça.* Mediação de conflitos. São Paulo: Atlas, 2013.

BAUMAN, Zygmunt. *Modernidade Líquida*. Rio de Janeiro: Jorge Zahar, 2004.

BARBERAN, Jaume Martín. Juvenile penal mediation in Spain: The experience in Catalonia. In: *Victim-Offender Mediation with Youth Offenders in Europe*. Springer, Dordrecht, 2005. p. 347-367.

BARBERAN, Jaume Martín. Justiça Restaurativa na Europa: Origem. In: SEMINÁRIO INTERNACIONAL SOBRE JUSTIÇA JUVENIL. 2007, Porto Alegre. Apresentação. Disponível em: http://justica21.web1119.kinghost.net/j21.php?id=352&pg=0#.W3oVUiRKhdg. Acesso em: 18 ago 2018.

BARTER, Dominic. *Walking toward conflict*. Tikkun, v. 27, n. 1, p. 21-70, 2012.

BARTER, Dominic. *Comunicação não violenta*: uma base ética para práticas restaurativas. Justiça para o século XXI, 2011.

BENEDETTI, Juliana Cardoso. *Tão próximos, tão distantes:* a justiça restaurativa entre a comunidade e sociedade. São Paulo, USP, 2009

BRANCHER, Leoberto N. *Histórico de implementação do projeto Justiça para o Século 21*. 2006. Disponível em: <http://www. justica21.org.br/j21/interno.php?ativo=BIBLIOTECA&sub_ativo=RESUMO&artigo=241>. Acesso em: 20 mar. 2016.

BRANCHER, L.; AGUINSKY, B. Juventude, crime & justiça: uma promessa impagável. In: ILANUD; ABMP; SEDH; UNFPA (orgs.). *Justiça, adolescente e ato infracional*. São Paulo: Ilanud, 2006.

BRASIL. Lei n. 8.069, de 13 de julho de 1990. Dispõe sobre o Estatuto da Criança e do Adolescente e dá outras providências. *Lex*: Estatuto da Criança e do Adolescente. Disponível em: <http://www.planalto.gov.br/ccivil_03/Leis/L8069.htm>. Acesso em 08 de maio de 2018.

BRAITHWAITE, John. *Restorative justice & responsive regulation*. New York: Oxford University Press, 2002.

BRAITHWAITE, John *et al.* Principles of restorative justice. In: *Restora-*

tive justice and criminal justice: competing or reconcilable paradigms. Portland: Hart, 2003.

BRAITHWAITE, John. *Crime, shame and reintegration.* New York: Cambridge University Press, 1999.

BUSH, Robert A. Baruch; FOLGER, Joseph P. *The promise of mediation.* San Francisco: Jossey-Bass, 2005.

CALHAO, Antônio Ernani Pedroso. *Justiça Célere e Eficiente*: uma questão de governança judicial. São Paulo: LTr, 2010.

CAPPELLETTI, Mauro; GARTH, Bryant G.; NORTHFLEET, Ellen Gracie. *Acesso à justiça.* Porto Alegre: Fabris, 1988.

CARDIA, Nanci. *A violência urbana e a escola:* contemporaneidade e educação. Rio de Janeiro: IEC, ano II, n. 2, 1997.

CARNELUTTI, Francesco. *Instituições do processo civil.* São Paulo: Servanda, 1999.

CASELLA, Paulo Borba; SOUZA, Luciane Moessa de (coords.). *Mediação de conflitos.* Novo paradigma de acesso à justiça. São Paulo: Fórum, 2009.

CHAUI, Marilena. *Convite à filosofia.* São Paulo: Ática, 1995.

COBB, Sara; RIFKIN, Janet. *Practice and Paradox:* deconstructing neutrality in Mediation v. 16. Law and Society Inquiry, 1991.

COSTA, Alexandre Araújo. Cartografia dos Métodos de Composição de Conflitos. In: AZEVEDO, André Gomma de (org.). *Estudos em arbitragem, mediação e negociação,* vol. 3. Brasília: Grupo de Pesquisa, 2004.

COSTA, Antônio Carlos Gomes da. *As bases éticas da ação socioeducativa:* referenciais normativos e princípios norteadores. Brasília: Secretaria Especial de Direitos Humanos, 2006.

_____ *A Presença da Pedagogia:* teoria e prática da ação socioeducativa. São Paulo: Global, 1999.

DEUTSCH, Morton. *The resolution of conflict.* New Haven, CT: Yale, 1973.

DIAS, Maria Berenice; GROENINGA, Giselle. A mediação no confronto entre direitos e deveres. Revista do Advogado n° 62 (Mediação e Direito de Família: uma parceria necessária). Associação dos Advogados de São Paulo, março, 2001.

DIDIER JR., Fredie. *Curso de direito processual civil:* teoria geral do processo e processo de conhecimento. Salvador: Juspodivm, 2009.

DINAMARCO, Cândido Rangel. *Instituições de direito processual civil.* 4. ed. rev. São Paulo: Malheiros, 2004.

EGGER, Ildemar. *Cultura da Paz e Mediação:* uma experiência com adolescentes. Florianópolis: Fundação Boiteux, 2008.

FERREIRA, Aurélio Buarque de Holanda. *Novo dicionário da língua portuguesa.* Rio de Janeiro: Nova Fronteira, 1986.

FILPO, Klever Paulo Leal. *Mediação judicial:* discursos e práticas. Mauad: Faperj, 2016.

FISHER, Roger; PATTON, Bruce; URY, William. *Como chegar ao sim.* A negociação de acordos sem concessões. 2ª ed. rev. ampl. Rio de Janeiro: Imago, 2005.

FOLEY, Gláucia Falsarella. *Justiça Comunitária:* por uma justiça da emancipação. Belo Horizonte: Fórum, 2010.

FOLBERG, Jay; TAYLOR, Alison. *Mediación.* Resolución de conflitos sin litigio. México: Limusa, 1992.

FRASSETTO, Flávio Américo *et al.* Gênese e desdobramentos da lei 12594/2012: reflexos na ação socioeducativa. *Revista Brasileira Adolescência e Conflitualidade,* n. 6, 2015.

FREITAS JÚNIOR, Antônio Rodrigo de. Mediação em relações de trabalho no Brasil. In: *Mediação de Conflitos:* novo paradigma de acesso à justiça. Belo Horizonte: Fórum, 2009.

GALLEGOS, Ana Margarita Araujo. *Negociación, Mediación y Conciliación.* Cultura de diálogo para la transformación de los conflictos. Costa

Rica: Investigaciones Jurídicas, 2005.

GALTUNG, Johan. *Transcender e transformar:* uma introdução ao trabalho de conflitos. Tradução de Antonio Carlos da Silva Rosa. São Paulo: Palas Athena, 2006.

GENRO, Tarso, Prefácio da primeira edição do Manual de Mediação Judicial, Brasília/DF: Ministério da Justiça e Programa das Nações Unidas para o Desenvolvimento – PNUD, p. 13.

ILANUD. *Sistematização e Avaliação de Programas de Justiça Restaurativa.* Projeto BRA 05009/ PNUD, 2006.

JACCOUD, Mylène. Princípios, tendências e procedimentos que cercam a Justiça Restaurativa In: VITTO, Renato Campos Pinto de; SLAKMON, Catherine; PINTO, Renato Sócrates Gomes (orgs). *Justiça Restaurativa.* Brasília: Ministério da Justiça e Programa das Nações Unidas para o Desenvolvimento, 2005.

JAPIASSU, Hilton. *Interdisciplinaridade e patologia do saber.* Rio de Janeiro: Imago, 1976.

KONZEN, Armando Afonso. *Justiça restaurativa e ato infracional:* desvelando sentidos no itinerário da alteridade. Porto Alegre: Livraria do Advogado, 2007.

LIPOVETSKY, Gilles. Tempo contra tempo, ou a sociedade hipermoderna. IN: CHARLES, S. e LIPOVETSKY, G. *Os tempos hipermodernos.* São Paulo: Barcarola, 2004.

MARSHALL, Chris; BOYACK, Jim; BOWEN, Helen. Como a justiça restaurativa assegura a boa prática – uma abordagem baseada em valores. In: SLAKMON, C.; DE VITTO, R.; PINTO, R. Gomes (Org.). *Justiça Restaurativa.* Brasília: Ministério da Justiça e Programa das Nações Unidas para o Desenvolvimento – PNUD, 2005.

MARTÍNEZ MARTÍN, Rafael. La negociación. IN: OROZCO PARDO, Guillermo e MORENO PÉRES, José Luis (Dir.). *Tratado de Mediación en la Resolución de Conflictos.* Madrid: Editorial Tecnos, 2015.

MAXWELL, Gabrielle. A Justiça Restaurativa na Nova Zelândia. In: SLAKMON, C.; DE VITTO, R.; PINTO, R. Gomes (orgs.). *Justiça Restaurativa.* Brasília: Ministério da Justiça e Programa das Nações Unidas para o Desenvolvimento – PNUD, 2005.

McCOLD, P.; WACHTEL, T. *Em busca de um paradigma:* uma teoria de Justiça Restaurativa. In: XIII CONGRESSO MUNDIAL DE CRIMINOLOGIA XIII. Rio de Janeiro, ago. 2003. Disponível em: <http://restorativepractices.org/library/paradigm_port.html >. Acesso em: 18 de março 2016

MÉNDEZ, Emilio García. *Adolescentes e responsabilidade penal:* um debate latino-americano. Porto Alegre, 2001. Disponível em: <http://www.abmp.org.br/textos/2533.htm>. Acesso em: 20 de março 2016

MÉNDEZ, Emilio. García. *Infância e Cidadania na América Latina.* São Paulo: Hucitec, 1998.

MONTESQUIEU, Charles de Secondat. Baron de. *O espírito das leis.* São Paulo: Saraiva, 1996.

MOORE, Christopher. *O processo de mediação:* estratégias práticas para a resolução de conflitos. 2ª ed. Porto Alegre: Artmed, 1998

MULLER, Jean Marie. *O Princípio da Não-Violência:* uma trajetória filosófica. São Paulo: Palas Athena, 2007

MUSZKAT, Malvina E.; OLIVEIRA, Maria Coleta; UNBEHAUM, Sandra. *Mediação Familiar transdisciplinar:* uma metodologia de trabalho em situações de conflito de gênero. São Paulo: Summus, 2008.

_____ *Guia Prático de Mediação de Conflitos em famílias e organizações.* 2ª ed. rev. São Paulo: Summus, 2008

NATERAS DOMÍNGUEZ, Alfredo. *Jóvenes, culturas e identidades urbanas.* México: Universidad Autónoma de México, 2002.

NUNES, Antonio Ozório. *Como restaurar a paz nas escolas:* um guia para educadores. São Paulo: Contexto, 2012.

ORGANIZAÇÃO DAS NAÇÕES UNIDAS. *Convenção das Nações Unidas so-*

bre os Direitos da Criança. CBIA, UNICEF e Ministério da Justiça, 1989.

ORGANIZAÇÃO DAS NAÇÕES UNIDAS. *Diretrizes das Nações Unidas Para a Prevenção da Delinquência Juvenil* (1990). CBIA, UNICEF e Ministério da Justiça.

ORGANIZAÇÃO DAS NAÇÕES UNIDAS. *Princípios básicos para utilização de programas de justiça restaurativa em matéria criminal.* Resolução 2002/12. Versão portuguesa produzida por Renato Sócrates Pinto.

ORGANIZAÇÃO DAS NAÇÕES UNIDAS. *Regras Mínimas das Nações Unidas para a Administração da Justiça da Infância e da Juventude* – Regras de Beijing. CBIA, UNICEF e Ministério da Justiça, 1985.

ORGANIZAÇÃO DAS NAÇÕES UNIDAS. *Regras Mínimas das Nações Unidas para a Proteção dos Jovens Privados da Liberdade.* CBIA, UNICEF e Ministério da Justiça. 1990.

ORGANIZAÇÃO DAS NAÇÕES UNIDAS. *Promover la justicia restaurativa para las niñas, niños y los adolescentes.* Oficina del Representante Especial del Secretario General sobre la Violencia contra los Niños: Nueva York, 2013. Disponível em: https://violenceagainstchildren.un.org/es/node/1118. Acesso em:19 ago 2018.

PALLAMOLA, Raffaella Porciuncula. *Justiça Restaurativa:* da teoria à prática. IBCCrim, São Paulo, 2009.

PARSONS, Talcott. *Societies:* evolutionary and comparative perspectives. New Jersey: Prentice-Hall, 1966.

PINHO, Humberto Dalla Bernardina (coord.). Teoria Geral da Mediação. Rio de Janeiro: Lumen Juris, 2008.

PINTO, Renato Sócrates Gomes. Justiça restaurativa é possível no Brasil? In: SLAKMON, C.; DE VITTO, R.; PINTO, R. Gomes (orgs.). *Justiça Restaurativa.* Brasília, DF: Ministério da Justiça e Programa das Nações Unidas para o Desenvolvimento – PNUD, 2005.

PIZZOL, Patricia Miranda. *A competência no processo civil.* São Paulo: Revista dos Tribunais, 2003.

PRANIS, Kay. *Processos Circulares:* Teoria e Prática. São Paulo: Palas Athena, 2010.

RASSIAL, Jean-Jacques. A adolescência como conceito da teoria psicanalítica. In ASSOCIAÇÃO PSICANALÍTICA DE PORTO ALEGRE. *Adolescência: entre o passado e o futuro*, v. 2, p. 45-72, 1997.

REGUILLO, Rossana. Culturas juveniles. Producir la identidad: un mapa de interacciones. *Jóvenes. Revista de Estudios sobre Juventud*, 1997.

ROSENBERG, Marshall B. *Comunicação Não Violenta*: técnicas para aprimorar relacionamentos pessoais e profissionais. São Paulo: Agora, 2006.

SADEK, Maria Tereza. Judiciário: mudanças e reformas. *Estudos avançados*, v. 18, n. 51, p. 79-101, 2004.

SALIBA, Marcelo Gonçalves. J*ustiça restaurativa e paradigma punitivo*. Curitiba: Juruá, 2009.

SANTOS, Boaventura de Sousa. *A construção multicultural da igualdade e da diferença*, 1999. Disponível em: http://www.do.ufgd.edu.br/mariojunior/arquivos/construcao_multicultural_igualdade_diferenca.pdf. Acesso em: 20 maio 2018.

_____ *Para uma revolução da justiça*. 2011. Disponível em: http://sociologial.dominiotemporario.com/doc/REVOLUCAO_DEMOCRATICA_JUSTICA.pdf. Acesso em: 17 ago 2018.

SANTOS, Jose Vicente Tavares dos. A violência na escola, uma questão social global. In: *Violencia, sociedad y justicia en América Latina*. Roberto Briceño-León. CLACSO. 2002. ISBN: 950-9231- 81-9 Disponível em: http://bibliotecavirtual.clacso.org.ar/ar/libros/violencia/dossantos.pdf Acesso em: 17 ago 2018.

SARAIVA, João Batista Costa. *Direito penal juvenil*: adolescente e ato infracional: garantias processuais e medidas socioeducativas. Porto Alegre: Livraria do Advogado, 2002.

SARLET, Ingo Wolfgang. Os direitos fundamentais sociais na Constituição de 1988. *Revista Diálogo Jurídico*, v. 1, n. 1, 2001.

SCHMIDT, F. *Adolescentes privados de liberdade:* a dialética dos direitos conquistados e violados. Dissertação (Mestrado em Serviço Social), Programa de Pós-Graduação da Faculdade de Serviço Social, Pontifícia Universidade Católica do Rio Grande do Sul (PUCRS), Porto Alegre, 2007.

SEN, Amartya. *A ideia de justiça.* São Paulo: Companhia das Letras, 2011.

SICA, Leonardo. *Justiça restaurativa e mediação penal:* o novo modelo de justiça criminal e de gestão do crime. São Paulo: Lumen Juris, 2007.

SIDOU, J. M. Othon. *Dicionário jurídico,* v. 2, Rio de Janeiro, Forense,1991.

SILVA, Luciana Aboim Machado Gonçalves da (coord.) *Mediação de Conflitos.* São Paulo: Atlas, 2013.

____ Mediação interdisciplinar: um caminho viável à autocomposição dos conflitos familiares. IN: *Diké - Revista do Mestrado em Direito da Universidade Federal de Sergipe/* Programa de Pós-Graduação em Direito. Vol. 1, n. 1 Jul./Dez. 2011.

SINASE. *Documento do Sistema Nacional de Atendimento Sócio-Educativo,* Secretaria Especial dos Direitos Humanos. Brasília: Conanda, 2006.

SINHORETTO, J. *Os justiceiros e sua justiça.* Linchamentos, costumes e conflito. São Paulo: IBCCrim, 2002.

SOUZA, Ricardo Timm de. Fundamentos Ético-Filosóficos do Encontro Res(ins)taurativo. In: PETRUCCI, Ana Cristina Cusin [et al.] (org.). *Justiça Juvenil Restaurativa na Comunidade:* uma experiência possível. Porto Alegre: Procuradoria-Geral de Justiça, 2012.

SPOSATO, Karyna B. *Direito Penal de Adolescentes* – Elementos para Uma teoria garantista. São Paulo: Saraiva, 2013.

_____ *O Direito Penal Juvenil.* São Paulo: Revista dos Tribunais, 2006.

_____; CARDOSO NETO, V. Justiça Restaurativa e a Solução de Conflitos na Contemporaneidade. IN: Fernando Gustavo Knoerr; Rubia Carneiro Neves; Luana Pedrosa de Figueiredo Cruz (orgs.). *Justiça e o paradigma da eficiência na contemporaneidade.* Florianópolis: FUNJAB, 2013.

SUARES, Marinés. *Mediación, conducción de disputas y comunicación.* Buenos Aires: Paidós Ibérica, 1996.

TARTUCE, Fernanda. *Mediação nos conflitos civis.* São Paulo: Grupo Editorial Nacional, 2008.

TRASSI, Maria de Lourdes. *Adolescência-violência:* desperdício de vidas. São Paulo: Cortez, 2006.

URY, William. *Como chegar ao sim com você mesmo.* Tradução de Afonso Celso da Cunha Serra. Rio de Janeiro: Sextante, 2015.

VAN NESS, Daniel W.; STRONG, Karen Heetderks. *Restoring justice:* An introduction to restorative justice. Cincinnati: Anderson, 2002.

VASCONCELOS, Carlos Eduardo de. *Mediação de conflitos e práticas restaurativas:* modelos, processos, ética e aplicações. São Paulo: Método, 2012.

VEZZULLA, Juan Carlos. *Adolescentes, família, escola e lei:* a mediação de conflitos. Lisboa: Agora Comunicação, 2006.

WALGRAVE, Lode; BAZEMORE, G. *Restorative juvenile justice:* In search of fundamentals and an outline for systemic reform. Monsey, NY: Criminal Justice Press, 1999.

WARAT, Luís Alberto. *O ofício do mediador.* vol. 1. Florianópolis: Habitus, 2001.

WARAT, Luis Alberto. *Surfando na pororoca:* o ofício do mediador. Florianópolis: Boiteux, 2004.

WINNICOTT, Donald Woods. *Privação e delinqüência.* São Paulo: Martins Fontes, 1987.

YOUNG, Jock. A *sociedade excludente:* exclusão social, criminalidade e diferença na modernidade recente. Rio de Janeiro: Revan: Instituto Carioca de Criminologia, 2002.

ZEHR, Howard. *Trocando as lentes:* um novo foco sobre o crime e a justiça. São Paulo: Palas Athena, 2008.

ZEHR, Howard. *Justiça Restaurativa:* Teoria e Prática. Tradução de Tônia Van Acker. São Paulo: Palas Athena, 2012.

Editor: Fabio Humberg
Capa e Projeto gráfico: Alejandro Uribe
Revisão: Humberto Grenes

Dados Internacionais de Catalogação na Publicação (CIP)
(Câmara Brasileira do Livro, SP, Brasil)

>   Sposato, Karyna Batista
>   Justiça Juvenil Restaurativa e novas formas
>   de solução de conflitos / Karyna Batista Sposato,
>   Luciana Aboim Machado Gonçalves da Silva. --
>   São Paulo : Editora CLA Cultural, 2018.
>
>   ISBN 978-85-85454-92-0
>
>   1. Administração de conflitos 2. Conflitos -
>   Resolução (Direito) 3. Justiça restaurativa
>   4. Mediação I. Silva, Luciana Aboim Machado
>   Gonçalves da. II. Título.
>
>   18-20384   CDU-303.69

Índices para catálogo sistemático:

1. Conflitos : Mediação : Sociologia 303.69
2. Mediação de conflitos : Sociologia 303.69

(Iolanda Rodrigues Biode - Bibliotecária - CRB-8/10014)

Grafia atualizada segundo o Acordo Ortográfico da Língua Portuguesa de 1990, que entrou em vigor no Brasil em 1º de janeiro de 2009.

Editora CL-A Cultural Ltda.
Tel: (11) 3766-9015
editoracla@editoracla.com.br
www.editoracla.com.br